독자의 1초를 아껴주는 정성!

세상이 아무리 바쁘게 돌아가더라도
책까지 아무렇게나 빨리 만들 수는 없습니다.
인스턴트 식품 같은 책보다는
오래 익힌 술이나 장맛이 밴 책을 만들고 싶습니다.

길벗이지톡은 독자 여러분이
우리를 믿는다고 할 때 가장 행복합니다.
나를 아껴주는 어학도서,
길벗이지톡의 책을 만나보십시오.

독자의 1초를 아껴주는
정성을 만나보십시오.

미리 책을 읽고 따라해 본 2만 베타테스터 여러분과
무따기 체험단, 길벗스쿨 엄마 2% 기획단,
시나공 평가단, 토익 배틀, 대학생 기자단까지!
믿을 수 있는 책을 함께 만들어주신 독자 여러분께 감사드립니다.

홈페이지의 '독자마당'에 오시면
책을 함께 만들 수 있습니다.

(주)도서출판 길벗 www.gilbut.co.kr
길벗이지톡 www.eztok.co.kr
길벗스쿨 www.gilbutschool.co.kr

이지 쌤 동영상 강의와
원어민 음성파일 이용 방법

이지 쌤 동영상 강의를 듣는 방법

책의 각 페이지 상단에 있는 QR 코드를 핸드폰 카
메라로 찍으면 동영상 강의로 바로 연결됩니다.
QR 코드를 사용하는 자세한 사용방법은 21쪽에
'이 책의 동영상 쉽게 찾는 법'을 참고하세요.

원어민 음성파일 듣는 방법

아래 QR 코드를 핸드폰으로 찍어보세요. 음성파일
을 바로 들을 수 있는 유튜브 페이지로 연결됩니다.

책 상단의 날짜와 제목과 일치하는 유튜브 영상을
클릭하면 원어민이 녹음한 음성을 바로 들을 수 있
습니다.

친절한 대학의
다시 배우는
영어교실
영단어

친절한 대학의 다시 배우는 영어 교실_영단어

초판 발행 · 2020년 6월 19일
초판 6쇄 발행 · 2023년 4월 7일

지은이 · 이상현
발행인 · 이종원
발행처 · (주)도서출판 길벗
브랜드 · 길벗이지톡
출판사 등록일 · 1990년 12월 24일
주소 · 서울시 마포구 월드컵로 10길 56(서교동)
대표 전화 · 02)332-0931 | **팩스** · 02)323-0586
홈페이지 · www.gilbut.co.kr | **이메일** · eztok@gilbut.co.kr

기획 및 책임 편집 · 김지영(jiy7409@gilbut.co.kr) | **표지 디자인** · 강은경 | **본문 디자인** · 장선숙
제작 · 이준호, 손일순, 이진혁 | **마케팅** · 이수미, 장봉석, 최소영
영업관리 · 심선숙 | **독자지원** · 윤정아, 최희창

교정교열 · 오수민 | **전산편집** · 장선숙 | **CTP 출력 및 인쇄** · 북토리 | **제본** · 신정문화사

ISBN 979-11-6521-147-9 03740 (길벗 도서번호 301050)

이 도서의 국립중앙도서관 출판예정도서목록(CIP)은 서지정보유통지원시스템 홈페이지(http://seoji.nl.go.kr)와
국가자료종합목록 구축시스템(http://kolis-net.nl.go.kr)에서 이용하실 수 있습니다. (CIP제어번호 : 2020017696)
ⓒ 이상현, 2020

정가 14,000원

독자의 1초까지 아껴주는 정성 길벗출판사
길벗 | IT실용, IT/일반 수험서, IT전문서, 경제경영서, 취미실용서, 건강실용서, 자녀교육서
더퀘스트 | 인문교양서, 비즈니스서
길벗이지톡 | 어학단행본, 어학수험서
길벗스쿨 | 국어학습서, 수학학습서, 유아학습서, 어학학습서, 어린이교양서, 교과서

페이스북 · www.facebook.com/gilbuteztok
네이버 포스트 · http://post.naver.com/gilbuteztok
유튜브 · https://www.youtube.com/gilbuteztok

친절한 대학의
다시 배우는
영어 교실
영단어

이지 쌤(이상현) 지음

길벗
이지:톡

"영어가 안되니 패키지 여행을 가는 수밖에요."

"영어로 된 간판을 읽고 싶어요"

"텔레비전에서 어쩜 그렇게 영어를 섞어 쓰는지……"

50대 이상의 분들이라면 한번쯤 생각해보았을 겁니다. 영어를 배우고 싶은 마음은 늘 있지만 생업이 바빠서, 아이들 키우느라, 어디서 어떻게 배워야 하는지 몰라서 시작조차 못하신 분들이 참 많습니다.

그나마 용기를 내서 영어 수업에 참석했던 분들마저 이렇게 말하더군요. "이해가 전혀 되지 않는데 진도만 나가서 중도에 포기했습니다", "청년들과 수업을 듣다 보니 모르는 게 있어도 질문할 수가 없었어요."

맞습니다. 쉽지 않죠. 그런데 시작 안하길 참 잘하셨어요. 진정으로 여러분을 위한 수업은 없었거든요.

영어 교육에서 50대 이상 분들은 늘 변두리 취급 당해야 했습니다. 배우고자 하는 열망은 그 누구보다도 강한데 수준에 맞게 가르쳐주는 곳은 없었습니다.

이런 고충을 해결해 드리고자 저는 18년 12월 유튜브에 '친절한 대학' 이란 기초 영어 채널을 만들었습니다.

'친절한 대학'은 4년이 지난 현재 구독자 수 98만 명, 누적 조회수 8,000만 회를 달성하며 영어 교육 채널 중 가장 빠르게 성장하고 있습니다. 게다가 《친절한 대학의 다시 배우는 영어 교실》 1권과 2권은 출간 즉시 베스트셀러에 오르며 많은 독자의 사랑을 받았습니다.

제 수업이 특별해서가 아닙니다. 50대 이상 분들의 영어 단어를 읽고, 듣고, 말하고 싶은 마음, 자유로이 여행을 다니고 싶은 마음, 자녀나 손녀들에게 부끄럽지 않고 싶은 마음, 다시 한번 배움의 희열을 느끼고 싶은 마음들이 모여 만들어진 결과라고 생각합니다.

"배움의 설렘을 다시 느꼈습니다" 라는 댓글이 가장 마음에 와 닿았습니다. 70세부터 영어 공부를 망설이다가 90세에 영어를 시작한 아버님께서는 "90세에 시작한 공부가 너무 재미있어요. 70세에 시작하지 않은 것이 후회됩니다." 라고 말하셨어요.

여러분도 당장 오늘부터 시작하세요. 절대 늦지 않았습니다.

취업을 위해, 생계를 위해 필수가 아닌 이상 영어 공부는 의무가 아닙니다. 영어 공부에서 배움의 즐거움을 다시 찾고, 목표를 달성해 나가는 성취감을 느끼며 아주 천천히 반복해 나가면 됩니다.

날마다 영어가 조금씩 느는 재미와 성취감을 드리겠습니다.

많은 구독자들이 보이지 않던 영어 간판이 보이고, 외국인들이 말하는 단어가 드문드문 들리고, 간단하게나마 영어로 이야기하고 있다고 합니다. 조금 늦은 영어 공부라 더 재미있고 가슴이 벅차다고 하십니다.

여러분도 영어 공부 성공할 수 있습니다.
세상에서 제일 쉽고 재미있게 알려드릴게요.

정말입니다. 그리고 수업료 걱정은 하지 마세요. 유튜브에서 무료로 강의하니까요. '친절한 대학' 이 조금 늦은 배움을 지원합니다. 또 응원합니다.

유튜브 '친절한 대학'의 이지 쌤

목차

1장
이 책의 동영상 보는 법

2장
핵심 영어 단어장 – 동사 140개

3장
핵심 영어 단어장 – 형용사 200개

4장
핵심 영어 단어장 – 명사 300개

5장
핵심 영어 단어장 – 전치사 20개, 부사 20개

1장 ▶

이 책의 동영상 보는 법

이 책은 모든 동영상 강의는 유튜브(YouTube)를 통해
제공합니다. 동영상은 스마트폰으로 볼 수 있는데요.
스마트폰을 잘 다루지 못해도 걱정하지 마세요. 처음
부터 끝까지 아주 쉽게 설명해 드리니까요.
본격적으로 영단어를 학습하기 전에 동영상 보는 법부
터 숙지하고 넘어가세요.

유튜브에서 '친절한 대학' 채널 찾는 법 & 구독하는 법

'유튜브(YouTube)'는 전 세계적으로 사용하는 동영상 공유 사이트입니다. 다른 사람이 올린 동영상을 무료로 볼 수 있고, 반대로 내가 만든 동영상을 직접 업로드 할 수 있습니다. 자료가 방대한 유튜브에서 이 책의 동영상이 있는 '친절한 대학' 채널을 찾는 법을 쉽게 설명해 드릴게요.

1 핸드폰에서 '유튜브(YouTube)'를 실행합니다. 앞으로 계속 사용할 '유튜브'의 아이콘을 꼭 기억해 두세요.

유튜브 아이콘

실행

2 유튜브를 실행하면 다음과 같은 화면을 볼 수 있어요.
여기서 상단의 돋보기 모양의 '검색' 버튼을 누르면 '친절한 대학'
의 동영상을 찾아볼 수 있습니다.
검색 버튼을 눌러보세요.

'검색' 버튼 선택

3 검색 창이 뜨면 검색 창에 '친절한 대학'을 입력한 후 '친절한 대학'을
선택합니다.

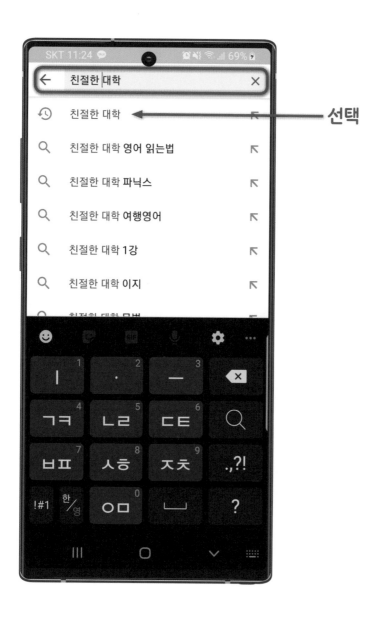

4 '친절한 대학' 채널이 보이면, 원형 책꽂이 모양을 눌러 주세요. 그러면 '친절한 대학' 채널의 홈 화면으로 이동합니다.

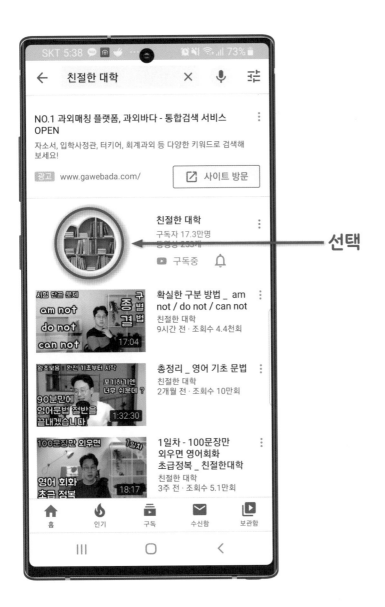

선택

5 '친절한 대학'의 홈 화면입니다.

여기서 '구독' 버튼을 눌러 주세요.

그러면 상태가 '구독중'으로 바뀝니다.

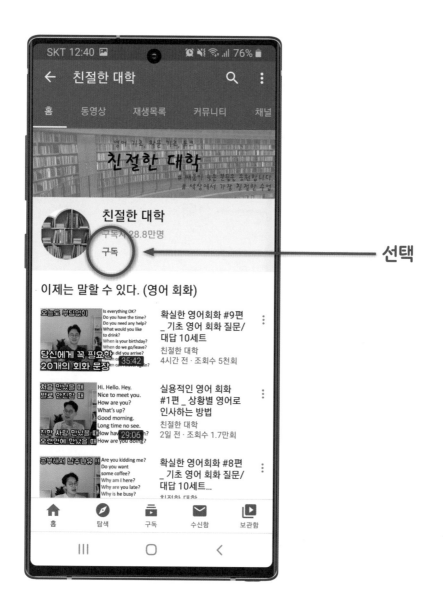

선택

6 '구독중' 옆의 종 모양을 누르면 앞으로 '친절한 대학'의 이지 선생님이 동영상을 올릴 때마다 알림을 받을 수 있습니다.
종 모양을 누른 후 '전체'를 선택합니다.

'친절한 대학'에서 효과적으로 공부하는 법

이번에는 '친절한 대학' 채널 이용법을 파헤쳐 보겠습니다.

1 '친절한 대학' 홈 화면 상단에 '동영상'을 선택해 보세요.

선택

2 '친절한 대학'의 이지 선생님이 올리는 동영상을 최신 순(최근 올린 순서)으로 볼 수 있는데요, 여기서 '정렬 기준'을 눌러보세요. 그러면 인기 순서, 오래된 순서, 최신 순서로 정렬 기준을 선택할 수 있습니다. 이지 선생님이 올린 동영상을 처음부터 보고 싶다면 '추가된 날짜(오래된순)'를 선택하면 되겠지요?

3 이번에는 상단의 재생목록으로 들어가 볼게요. 이 부분은 이지 선생님이 올린 동영상을 주제별로 묶어 놓은 페이지입니다.

원하는 주제를 클릭하면 그 주제에 해당하는 영상만 볼 수 있어요. 예를 들어 '핵심 영어 단어장'을 클릭하면 영어 단어를 설명하는 동영상만 볼 수 있어요.

선택

'친절한 대학'에서 학습하는 법은 여기까지 설명하도록 하고, 다음에는 책의 동영상을 바로 보는 법을 알려 드리겠습니다.

▶ 이 책의 동영상 쉽게 찾는 법

이 책은 여러분이 쉽게 내용을 따라갈 수 있도록 모든 장마다 동영상 강의를 제공합니다. 초보자인 경우 책만으로는 내용을 따라가기 어려울 수 있으니, 꼭 동영상 강의를 같이 보면서 학습하세요.

그럼 쉽게 동영상 강의를 보는 법을 설명 드릴게요. 일단 한번 따라 하면 정말 간단합니다.

일단 각 장의 제목 부분에 아래와 같은 네모난 도장 무늬가 보일 거예요. QR(큐알)코드라고 불리는 것인데요. 마트에서 물건 살 때 찍는 바코드와 유사한 고유 인식 마크라고 생각하시면 됩니다.

카카오톡이 제공하는 QR코드 인식기로 QR코드를 찍으면 해당 영상을 바로 볼 수 있어요.

다음 순서대로 QR코드 인식하는 법을 따라 해 보세요.

1 모두 카카오톡 깔려 있으시죠? 먼저 카카오톡을 켜보세요.
오른쪽 하단에 '점 세 개' 모양을 선택합니다.

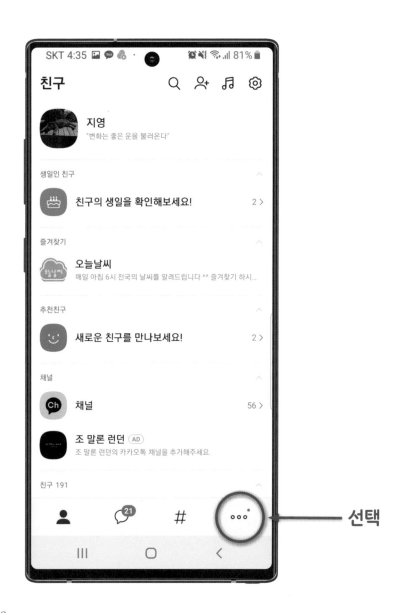

선택

2 카카오톡의 다양한 기능을 볼 수 있는데요.
여기서 상단에 네모 박스가 QR코드 인식 프로그램입니다.
네모 박스를 선택해 주세요.

선택

3 카메라가 동작하면 노란 박스에 책의 QR코드를 맞춰 주세요.

그러면 QR 코드를 인식하고 하단에 영상의 링크가 뜹니다.

'웹브라우저로 열기'를 선택하면 해당 영상을 바로 볼 수 있습니다.

이 책의 각 장을 공부할 때마다 QR 코드를 찍어서 동영상과 함께

학습하세요.

2장

핵심 영어 단어장 –
동사 140개

'공부하다, 마신다' 처럼 사람이나 사물의 움직임을 나타내는 단어를 '동사' 라고 합니다. 영어에서 가장 많이 쓰이는 동사를 140개 뽑았습니다. 이지 쌤 영상과 함께 공부해 보세요.

동사 140개 (1~20)

001

have
[해브]
가지다

I have a dog.
아이 해브 어 독
나는 (키우는) 강아지가 있어요.

002

do
[두]
하다

I will do my best.
아이 월 두 마이 베스트
저는 최선을 다할 것입니다.

003

know
[노우]
알다

I don't know.
아이 돈 노우
저는 잘 모릅니다.

> **TIP** 노하우(knowhow)라는 단어 들어 보셨죠? know(알다) + how(어떻게)
> 의 합성어로 '어떻게 하는지 안다'는 뜻입니다.

004

see
[씨]
보다

See you tomorrow.
씨 유 투머로우
내일 봐요.

005

get
[겟]
얻다

Can I get a blanket?
캔 아이 겟 어 블랭킷
담요 좀 얻을 수 있을까요?

TIP 비행기를 타고 담요를 달라고 할 때 할 수 있는 표현이에요. 직업을 구하거나, 편지를 받거나, 자동차를 사는 등 없던 것이 생길 때 get 을 쓸 수 있어요.

006

think
[씽크]
생각하다

I think so.
아이 씽 쏘
나도 그렇게 생각해요.

007

go
[고우]
가다

I go to school by bus.
아이 고 투 스쿨 바이 버스
나는 버스를 타고 학교에 가요.

008

make
[메이크]
만들다

You make me happy.
유 메이크 미 해피
당신은 나를 기쁘게 해요.

TIP 화장하는 것은 make-up [메이크업]이라고 하죠? up은 '위쪽, 향상 된'의 뜻으로 make-up은 '더 좋게 만들다'의 의미로 알아 두세요.

27

take
[테이크]
취하다

Let's take a break.
렛츠 테이크 어 브레이크
잠깐 쉽시다.

TIP take는 사전을 찾아보면 40개가 넘는 뜻이 있는데요. 가장 자주 쓰이는 '취하다'의 뜻부터 알아 두세요. '술 먹고 취하다'라는 뜻이 아니라 '물건을 가지다(취하다), 휴식을 취하다'라는 뜻입니다.

come
[컴]
오다

Come here, Lee.
컴 히얼 리
이리 오세요, Lee.

say
[쎄이]
말하다

I can't say.
아이 캔트 쎄이
나는 말할 수 없어요.

put
[풋]
놓다

Can I put my coffee here?
캔 아이 풋 마이 커피 히얼
제 커피를 여기에 놓아도 될까요?

want
[원트]
원하다

I want some water.
아이 원트 썸 워러

나는 물을 원해요.

give
[기브]
주다

Give me a cup of coffee.
기브 미 어 컵 오브 커피

제게 커피 한 잔 주세요.

look
[룩]
보다

Look at me.
룩 앳 미

나를 보세요.

TIP '보다'를 표현하는 영어 단어는 여러 개가 있는데요. see와 look이 대표적이죠. 한글로는 '보다'라는 뜻이지만, 세밀한 차이가 있습니다. 먼저 see는 의도하지 않아도 보이는 것(자동차가 지나가네)이고, look은 짧은 시간에 관심 있게 보는 것(차가 지나가는데, 색깔이나 브랜드 등을 의도적으로 관찰)을 말합니다.

find
[파인드]
찾다

I can't find my watch.
아이 캔트 파인드 마이 와치

내 시계를 찾을 수가 없네요.

017

need
[니드]
필요로 하다

I need help.
아이　니드　헬프
나는 도움이 필요해요.

TIP 소비자(누군가)의 니즈(**needs**)라는 말도 자주 들어 보셨죠? '필요로 하는 것, 진심으로 원하는 것'이라는 뜻입니다.

018

like
[라이크]
좋아하다

I like tea.
아이 라이크　티
나는 차를 좋아해요.

019

use
[유즈]
사용하다

I use Kakaotalk.
아이 유즈　카카오톡
나는 카카오톡을 써요.

020

keep
[킵]
유지하다

Keep your room clean.
킵　유얼　루움　클린
당신의 방을 깨끗이 유지하세요.

TIP 축구에서 **goalkeeper** [골키퍼]는 공이 들어오지 않게 지키는(유지하는) 역할을 하죠.

영어 단어와 뜻을 선으로 연결시켜 보세요.

❶ **have**		ⓐ 얻다
❷ **know**		ⓑ 가다
❸ **get**		ⓒ 오다
❹ **go**		ⓓ 알다
❺ **make**		ⓔ 보다
❻ **come**		ⓕ 주다
❼ **put**		ⓖ 찾다
❽ **give**		ⓗ 만들다
❾ **see**		ⓘ 놓다
❿ **find**		ⓙ 가지다

우리말을 보고 영어 단어를 써보세요.

⑪ 생각하다 t _ _ _ _ _

⑫ 말하다 s _ _

⑬ 하다 d _

⑭ 원하다 w _ _ _

⑮ 취하다 t _ _ _

⑯ 사용하다 u _ _

⑰ 유지하다 k _ _ _

⑱ 필요로 하다 n _ _ _ _

⑲ 보다 l _ _ _

⑳ 좋아하다 l _ _ _

정답 ❶-ⓙ ❷-ⓓ ❸-ⓐ ❹-ⓑ ❺-ⓗ ❻-ⓒ ❼-ⓘ ❽-ⓕ ❾-ⓔ ❿-ⓖ
⑪ think ⑫ say ⑬ do ⑭ want ⑮ take ⑯ use ⑰ keep ⑱ need
⑲ look ⑳ like

동사 140개 (21~40)

021

help
[헬프]
돕다

Help me, please.
헬프　　미　　플리즈

도와주세요.

022

work
[월크]
일하다

I work in Seoul.
아이　월크　인　　서울

나는 서울에서 일해요.

023

let
[렛]
~하자

Let's go.
렛츠　　고

같이 가요.

TIP let은 '허락하다, 용인하다' 등 다양한 뜻이 있는데, '~하자'라는 뜻을 우선적으로 익혀 볼게요. **Let's start.** [렛츠 스탈트] 같이 시작해요 라는 표현도 자주 쓰여요.

024

feel
[필]
느끼다

I feel cold.
아이　필　　콜드

추위를 느껴요.

believe
[빌리브]
믿다

I believe you.
아이　　　빌리브　　　유

나는 당신을 믿어요.

try
[트라이]
노력하다

I will try my best.
아이　윌　트라이　마이　　베스트

나는 내 최선으로 (최선을 다해) 노력할 거예요.

TIP　try는 [트라이]와 [츄라이] 중간 발음으로 하면 자연스러워요. '노력해서 어떤 것을 시도해 보는 것'을 말하죠. 위와 비슷한 표현으로 I will do my best.가 있어요.

ask
[애스크]
물어보다

Can I ask you a question?
캔　아이 애스크　유　어　　쿼스쳔

질문 하나 물어봐도 될까요?

leave
[리이브]
떠나다

When do you leave?
웬　　두　유　　리이브

당신은 언제 떠나나요?

TIP　외국인 친구에게 언제 떠나냐고 물을 때, 동료가 다른 지역으로 떠날 때 등 이렇게 물을 수 있어요.

show
[쇼우]
보여주다

Show me the photo.
쇼우　미　더　포토(로)

그 사진을 제게 보여주세요.

TIP 디너**쇼**, 마술**쇼** 등의 표현 많이 들어 보셨죠? 명사로는 '공연, 전시' 라는 의미이고, 동사로는 '보여주다'라는 뜻이 돼서 '물건을 보여주 다, 마음을 보여주다' 등으로 다양하게 쓸 수 있어요.

pay
[페이]
지불하다

Can I pay by credit card?
캔　아이 페이　바이　크레딧　칼드

신용 카드로 지불해도 되나요?

TIP 카카오**페이**, 네이버**페이** 모두 지불 수단이죠.

run
[륀]
달리다

I run every day.
아이　륀　에브리 데이

나는 매일 달려요.

read
[뤼드]
읽다

I can read English.
아이 캔　뤼드　잉글리쉬

나는 영어를 읽을 수 있어요.

bring
[브링]
가져오다

Can you bring me the bill?
캔 유 브링 미 더 빌

계산서를 가져올 수 있나요?

TIP 식당에서 식사를 마치고 계산서를 가져달라고 할 때 쓸 수 있어요.
문장 끝에 **please**를 붙이면 더 공손한 표현이 되겠죠.

understand
[언덜스탠드]
이해하다

Can you understand English?
캔 유 언덜스탠드 잉글리쉬

당신은 영어를 이해할 수 있나요?

start
[스탈트]
시작하다

Let's start.
렛츠 스탈트

같이 시작해요.

play
[플레이]
놀다

Let's play a game.
렛츠 플레이 어 게임

게임을 합시다. (게임하고 놀자)

TIP **play** the piano [플레이 더 피애노] 피아노를 치다, **play** tennis [플레이 테니스] 테니스 치다 등 악기 연주나 운동할 때 쓰는 play는 기본적으로 '놀다'라는 뜻이 있어요.

cut
[컷]
자르다

Cut this with a knife.
컷 디스 위쓰 어 나이프
이것을 칼로 자르세요.

live
[리브]
살다

I live in Busan.
아이 리브 인 부산
나는 부산에 살아요.

meet
[미트]
만나다

Nice to meet you.
나이스 투 미트 유
만나서 반가워요.

TIP 처음 만났을 때 할 수 있는 표현이죠. 학창 시절에 했던 **meeting** [미팅] 만남도 **meet**에서 나온 단어랍니다.

move
[무브]
움직이다

Don't move.
돈 무브
움직이지 마세요.

영어 단어와 뜻을 선으로 연결시켜 보세요.

❶ **help**		ⓐ 물어보다	
❷ **let**		ⓑ 가져오다	
❸ **believe**		ⓒ 돕다	
❹ **ask**		ⓓ 달리다	
❺ **show**		ⓔ 이해하다	
❻ **run**		ⓕ 믿다	
❼ **bring**		ⓖ 자르다	
❽ **understand**		ⓗ ~하자	
❾ **cut**		ⓘ 만나다	
❿ **meet**		ⓙ 보여주다	

우리말을 보고 영어 단어를 써보세요.

⑪ 일하다　w＿＿＿　　　⑯ 읽다　r＿＿＿

⑫ 느끼다　f＿＿＿　　　⑰ 시작하다　s＿＿＿＿

⑬ 노력하다　t＿＿　　　⑱ 놀다　p＿＿＿

⑭ 떠나다　l＿＿＿＿　　⑲ 살다　l＿＿＿

⑮ 지불하다　p＿＿　　　⑳ 움직이다　m＿＿＿

정답　❶-ⓒ ❷-ⓗ ❸-ⓕ ❹-ⓐ ❺-ⓙ ❻-ⓓ ❼-ⓑ ❽-ⓔ ❾-ⓖ ❿-ⓘ
⑪ work ⑫ feel ⑬ try ⑭ leave ⑮ pay ⑯ read ⑰ start ⑱ play
⑲ live ⑳ move

동사 140개 (41~60)

---

0 4 1

hear
[히얼]
듣다

Can you hear me?
캔　유　히얼　미

내 말 들려요?

---

0 4 2

call
[콜]
전화하다

Please call me.
플리즈　콜　미

내게 전화해 주세요.

---

0 4 3

stop
[스탑]
멈추다

You can't stop me!
유　캔트　스탑　미

당신은 나를 멈출 수 없어요! (나는 계속할 거예요.)

---

0 4 4

turn
[턴]
돌다

Turn left at the corner.
턴　레프트　앳　더　코널

저 모서리에서 왼쪽으로 도세요.

TIP 레코드판을 회전해서 음악을 듣는 **turntable** [턴테이블], 길을 알려 줄 때 **turn left/right** [턴 레프트/롸이트]도 실생활에서 자주 쓰여요.

talk
[토크]
이야기하다

Talk to me.
톡　투　미
내게 말해 보세요.

TIP '카카오톡' 할 때 talk [톡]이죠. 발음은 [턱]에 조금 더 가깝습니다.

speak
[스피크]
말하다

I can speak English.
아이 캔　　스픽　　잉글리쉬
나는 영어를 말할 수 있어요.

buy
[바이]
사다

Where can I buy a ticket?
웨얼　　캔 아이 바이 어　티켓
표를 어디서 살 수 있나요?

thank
[쌩크]
감사하다

Thank you.
쌩　큐
감사합니다.

change
[췌인지]
변하다

Things change.
씽스   췌인지
많은 것들이 변해요.

stay
[스테이]
머무르다

How long will you stay here?
하우   롱   윌   유   스테이   히얼
여기 얼마나 머무르실 겁니까?

TIP stay로 특정 나라나 호텔 같은 장소에 머무는 것, 침대 위에 있는 것까지 모두 표현할 수 있어요. 위 표현은 해외 나가서 입국 심사 때 묻는 질문이니 잘 기억하세요.

hope
[호프]
희망하다

I hope you had a great time.
아이 호프   유   해드 어 그레이트   타임
당신이 좋은 시간을 가졌기를 희망합니다.

wish
[위시]
바라다

I wish you loved me.
아이 위시   유   러브드   미
당신이 나를 사랑했었기를 바라요.

TIP hope은 '네가 잘되면 좋겠어, 좋은 시간 가졌으면 좋겠어' 같은 희망이고, wish는 '부자가 되면 좋겠다, 어디 여행 가면 좋겠다'와 같이 가능성이 매우 낮은 바람을 나타냅니다.

follow
[팔로우]
따라가다

Follow me, please.
팔로우   미   플리즈
나를 따라와 주세요.

support
[서폴트]
지원하다

I will support you.
아이   윌   서폴트   유
내가 너를 지원할 거야.

TIP 돈이나 물질을 지원, 정신적으로 지지한다는 의미입니다. FC 서울 서포터즈와 같이 축구/야구팀을 응원하는 사람들을 **supporter** [서포터] 지지자, 후원자 라고 합니다.

lead
[리드]
이끌다

You lead the way.
유   리드   더   웨이
당신이 이 길을 이끌어 주세요.

TIP lead에 -er을 붙이면 **leader** [리더] 이끄는 사람, 지도자라는 뜻이 됩니다.

stand
[스탠드]
일어서다

Please stand up.
플리즈   스탠드   업
일어서 주세요.

hit
[히트]
치다

He hit the ball.
히 힛 더 볼
그는 그 공을 쳤어요.

love
[러브]
사랑하다

I love you.
아이 러브 유
나는 당신을 사랑해요.

sit
[씻]
앉다

Please sit here.
플리즈 씻 히얼
여기 앉아 주세요.

TIP 비슷한 발음이지만 다른 단어로 seat [씨트] 자리, 좌석이 있어요. 흔히 쓰는 car seat [카알 씨트] 유아용 보조의자에서는 seat가 쓰여요.

win
[윈]
이기다

I hope you win.
아이 호프 유 윈
나는 당신이 이기길 희망해요.

QUIZ

영어 단어와 뜻을 선으로 연결시켜 보세요.

❶ support   ⓐ 이야기하다

❷ stop   ⓑ 희망하다

❸ talk   ⓒ 변하다

❹ buy   ⓓ 멈추다

❺ change   ⓔ 감사하다

❻ hope   ⓕ 지원하다

❼ follow   ⓖ 앉다

❽ thank   ⓗ 치다

❾ hit   ⓘ 사다

❿ sit   ⓙ 따라가다

우리말을 보고 영어 단어를 써보세요.

⑪ 전화하다 c＿＿＿   ⑯ 바라다 w＿＿＿

⑫ 돌다 t＿＿＿   ⑰ 듣다 h＿＿＿

⑬ 말하다 s＿＿＿＿   ⑱ 일어서다 s＿＿＿＿

⑭ 이끌다 l＿＿＿   ⑲ 사랑하다 l＿＿＿

⑮ 머무르다 s＿＿＿   ⑳ 이기다 w＿＿

정답 ❶-ⓕ ❷-ⓓ ❸-ⓐ ❹-ⓘ ❺-ⓒ ❻-ⓑ ❼-ⓙ ❽-ⓔ ❾-ⓗ ❿-ⓖ
⑪ call ⑫ turn ⑬ speak ⑭ lead ⑮ stay ⑯ wish ⑰ hear ⑱ stand
⑲ love ⑳ win

동사 140개 (61~80)

061

add
[애드]
추가하다

Don't add too much salt.
돈 애드 투 머치 솔트
소금을 너무 많이 추가하지 마세요.

062

learn
[러언]
배우다

I'm learning English.
아임 러닝 잉글리쉬
나는 영어를 배우는 중이에요.

063

wait
[웨이트]
기다리다

Wait a minute, please.
웨이트 어(웨이러) 미닛 플리즈
잠시만 기다려 주세요.

TIP 식당에서 순서를 기다릴 때 '대기자 명단'에 이름을 써넣는데 그것을 **waiting** list [웨이팅 리스트]라고 하죠. **Wait a second.** [웨이러 세컨드]도 잠시만 기다려 달라는 의미예요.

064

send
[센드]
보내다

Send me a postcard.
센드 미 어 포스트칼드
내게 엽서를 보내세요.

44

return
[뤼턴]
돌아가다

When will you return?
웬　월　유　뤼턴
당신은 언제 돌아가나요?

TIP return은 '책 등을 반납하다'라고 할 때 쓰죠. 운전할 때 반대 방향으로 되돌아 가는 것을 **U-turn** [유턴]이라고 하는데요. 그와 연관해서 기억하세요.

sell
[셀]
팔다

I sell cars.
아이　셀　카알스
나는 자동차를 팔아요.

TIP **sell**의 반대말은 무엇이죠? '사다'의 **buy**이죠. 주식이나 물건을 사고 팔 때 쓰는 단어랍니다.

open
[오픈]
열다

Open the door!
오픈　더　도얼
문 열어 주세요!

begin
[비긴]
시작하다

Let's begin.
렛츠　비긴
시작합시다.

069

eat
[이트]
먹다

Can I eat this?
캔 아이 이트(잇) 디스
내가 이것을 먹어도 될까요?

070

spend
[스펜드]
(돈/시간을) 쓰다

I spend a lot of time studying.
아이 스펜드 어 랏 오브 타임 스터딩
나는 공부하는데 많은 시간을 씁니다.

071

join
[조인]
가입하다

Can I join your group?
캔 아이 조인 유얼 그룹
당신의 그룹에 가입할 수 있을까요?

TIP 국가가 특정 기구에 가입하거나, 개인이 모임이나 무리에 끼고 싶을 때 join을 쓸 수 있어요.

072

save
[세이브]
저장하다

I'm saving for a new car.
아임 세이빙 폴 어 뉴 카알
새 차를 (사기) 위해서 저축하고 있어요.

TIP **Save the Children** [세이브 더 칠드런]과 같은 아동 구호 단체 이름 들어 보셨죠? 여기서 save는 '구하다' 즉 '아이들을 구하자'라는 이름이죠. 하지만 위 예시에서는 돈이나 시간을 아끼고, 저장하는 의미로 쓰였어요.

decide
[디싸이드]
결정하다

It's time to decide.
잇츠　타임　투　디싸이드
결정할 시간이에요.

enjoy
[인조이]
즐기다

I enjoy music.
아이　인조이　　뮤직
나는 음악 (듣는 것) 을 즐겨요.

watch
[워치]
시청하다

I watch Friendly University.
아이　워치　　　프렌들리　　　유니벌시티
나는 '친절한 대학'을 시청해요.

TIP　watch는 TV나 영화, 유튜브를 시청할 때 쓸 수 있어요.

lose
[루즈]
잃어버리다

I lost my key.
아이 로스트　마이　키
나는 내 열쇠를 잃어버렸어요.

TIP　lost는 lose의 과거형입니다. 뭔가 분실했을 때 'I lost + my 물건 (wallet [월렛] 지갑, passport [패스폴트] 여권)' 표현을 쓸 수 있어요. '나는 ~을 잃어버렸어요'라는 의미죠.

077

walk
[워크]
걷다

I walk to school.
아이 워크 투 스쿨

나는 학교에 걸어가요.

078

act
[액트]
행동하다

We must act.
위 머스트 액트

우리는 행동해야 합니다.

TIP 사건 해결을 위해 어떤 행동을 진행해야만 한다는 의미입니다.

079

pick
[픽]
고르다

Pick a number.
픽 어 넘벌

숫자를 골라 보세요.

080

pass
[패스]
통과하다

You can pass this way.
유 캔 패스 디스 웨이

당신은 이 길을 통과할 수 있습니다.

TIP 고속도로에서 하이**패스** 단말기를 달고 톨게이트를 통과하죠. 이외에도 시험(사시, 행시 등)을 통과할 때도 pass라는 단어를 씁니다.

QUIZ

영어 단어와 뜻을 선으로 연결시켜 보세요.

❶ **learn**	ⓐ (돈/시간을) 쓰다
❷ **send**	ⓑ 통과하다
❸ **sell**	ⓒ 보내다
❹ **begin**	ⓓ 잃어버리다
❺ **spend**	ⓔ 저장하다
❻ **save**	ⓕ 시작하다
❼ **enjoy**	ⓖ 행동하다
❽ **lose**	ⓗ 배우다
❾ **act**	ⓘ 팔다
❿ **pass**	ⓙ 즐기다

우리말을 보고 영어 단어를 써보세요.

⓫ 기다리다 w_ _ _	⓰ 먹다 e_ _
⓬ 고르다 p_ _ _	⓱ 가입하다 j_ _ _
⓭ 돌아가다 r_ _ _ _ _	⓲ 시청하다 w_ _ _ _
⓮ 열다 o_ _ _	⓳ 결정하다 d_ _ _ _ _
⓯ 걷다 w_ _ _	⓴ 추가하다 a_ _

정답 ❶-ⓗ ❷-ⓒ ❸-ⓘ ❹-ⓕ ❺-ⓐ ❻-ⓔ ❼-ⓙ ❽-ⓓ ❾-ⓖ ❿-ⓑ
⓫ wait ⓬ pick ⓭ return ⓮ open ⓯ walk ⓰ eat ⓱ join
⓲ watch ⓳ decide ⓴ add

동사 140개 (81~100)

081

listen
[리슨]
듣다

Listen to me.
리슨 투 미
내 말 들어 보세요.

> **TIP** hear는 자연스럽게 들리는 소리를, listen은 귀 기울여 듣는 것을 의미합니다. 마치 눈에 보이는 것을 보는 것을 see, 집중해서 보는 것을 look이라고 하는 것과 같은 뉘앙스죠.

082

sleep
[슬립]
자다

I can't sleep well.
아이 캔트 슬립 웰
나는 잠을 잘 잘 수 없어요.

083

check
[체크]
점검하다

I will check again.
아이 윌 첵 어게인
제가 다시 점검할게요.

084

share
[쉐얼]
공유하다

We will share.
위 윌 쉐얼
우리는 공유할 거예요.

enter
[엔터]
들어가다

Knock before you enter.
낙 비포 유 엔터
들어가기 전에 노크하세요.

TIP 여러분이 사용하는 컴퓨터 키보드에서 가장 큰 Enter 보이시죠? '**엔 터** 키'라고 부르는데요. 그 키를 누르면 인터넷 어디든 들어가서 실행되는 주요한 기능이 있죠. 건물 안에 들어 가는 것, 대학에 입학하는 것 등 모든 '들어가는' 곳에 enter가 쓰인다고 보시면 됩니다.

care
[케얼]
상관하다

I don't care.
아이 돈 케얼
나는 상관하지 않아요.

travel
[트래블]
여행하다

I'm here to travel.
아임 히얼 투 트래블
나는 여기 여행하러 왔어요.

pull
[풀]
당기다

You push, and I will pull.
유 푸쉬 앤 아이 윌 풀
당신이 밀어요, 그리고 내가 당길게요.

answer
[앤썰]
대답하다

Answer the question.
앤썰   더   퀘스천
질문에 대답하세요.

TIP Q&A는 Question & Answer [퀘스천 앤 앤썰]의 약자로 '질문과 대답'
이라는 뜻입니다.

visit
[비짓]
방문하다

I will visit you tomorrow.
아이   윌   비짓   유   투머로우
내가 내일 당신을 방문할게요.

drive
[드라이브]
운전하다

I can drive a car.
아이 캔   드라이브 어 카알
나는 자동차 운전을 할 수 있어요.

miss
[미스]
그리워하다

I miss you.
아이 미스   유
나는 당신이 그리워요.

TIP Miss는 미혼 여성의 이름 앞에 붙여 써요. 성/이름 앞에 붙는 Miss
는 M을 무조건 대문자로 씁니다. '**미스 킴**'이라는 표현 자주 쓰이잖
아요. 이 외에 '놓치다, 잃어버리다'라는 뜻도 있어요.

093

worry

[워뤼]

걱정하다

Don't worry so much.

돈 워뤼 쏘 머치

너무 많이 걱정하지 마세요.

094

kill

[킬]

죽이다

I'm killing time.

아임 킬링 타임

나는 시간을 죽이고 있어요.

TIP kill은 식물, 동물을 '죽이다'라고 할 때 쓰는 표현입니다. 영화 '**킬러**들의 수다', 에프**킬라**(러) 등에도 쓰이죠. '킬러'는 killer 죽이는 자라는 의미죠. 위 예시에서는 '시간을 죽이다'라고 했는데요. 따분하게 할 일 없이 시간 보내고 있다는 의미예요.

095

control

[컨트롤]

통제하다

I can't control myself.

아이 캔트 컨트롤 마이셀프

나는 나 자신을 통제할 수 없어요.

096

wear

[웨얼]

입다

I wear a suit and tie.

아이 웨얼 어 수트 앤 타이

나는 정장과 넥타이를 입어요.

lie
[라이]
거짓말하다

I never lie to you.
아이 네벌 라이 투 유
나는 당신에게 절대 거짓말하지 않아요.

catch
[캐치]
잡다

Catch the ball.
캐치 더 볼
공을 잡아요.

manage
[매니지]
관리하다

I can manage it.
아이 캔 매니지 잇
나는 그것을 관리할 수 있어요.

TIP **manager** [매니저]는 관리하는 사람, 담당자를 말해요. 동사에 -er을 붙이면 사람이라고 했죠?

fight
[파이트]
싸우다

Don't fight.
돈 파이트
싸우지 마세요.

영어 단어와 뜻을 선으로 연결시켜 보세요.

❶ **fight**		ⓐ 죽이다
❷ **catch**		ⓑ 방문하다
❸ **wear**		ⓒ 공유하다
❹ **kill**		ⓓ 입다
❺ **miss**		ⓔ 싸우다
❻ **visit**		ⓕ 자다
❼ **pull**		ⓖ 그리워하다
❽ **care**		ⓗ 잡다
❾ **share**		ⓘ 당기다
❿ **sleep**		ⓙ 상관하다

우리말을 보고 영어 단어를 써보세요.

⑪ 관리하다 m＿＿＿＿＿＿   ⑯ 대답하다 a＿＿＿＿＿＿

⑫ 거짓말하다 l＿＿＿   ⑰ 여행하다 t＿＿＿＿＿

⑬ 통제하다 c＿＿＿＿＿＿＿   ⑱ 들어가다 e＿＿＿＿＿

⑭ 걱정하다 w＿＿＿＿＿   ⑲ 점검하다 c＿＿＿＿＿

⑮ 운전하다 d＿＿＿＿   ⑳ 듣다 l＿＿＿＿＿

정답   ❶-ⓔ ❷-ⓗ ❸-ⓓ ❹-ⓐ ❺-ⓖ ❻-ⓑ ❼-ⓘ ❽-ⓙ ❾-ⓒ ❿-ⓕ

⑪ manage ⑫ lie ⑬ control ⑭ worry ⑮ drive ⑯ answer
⑰ travel ⑱ enter ⑲ check ⑳ listen

101

fail
[페일]
실패하다

You never fail.
유　　네벌　　페일
당신은 절대 실패하지 않아요.

TIP 학교 시험에서 F학점을 받았다고 할 때 그 F가 바로 fail을 말합니다.

102

drink
[드링크]
마시다

I don't drink wine.
아이　돈트　　드링크　　와인
나는 와인을 마시지 않아요.

TIP drink 뒤에 beer, tea, coffee 등 다양한 음료를 넣어 보세요.

103

drop
[드랍]
떨어뜨리다

Drop the gun!
드랍　더　건
총을 떨어뜨려!

104

study
[스터디]
공부하다

We study English.
위　스터디　　잉글리쉬
우리는 영어를 공부해요.

push
[푸쉬]
밀다

Push the door.
푸쉬 　 더 　 도얼
문을 미세요.

press
[프레스]
누르다

Press the red button.
프레스 　 더 　 뤠드 　 버튼
그 빨간색 버튼을 누르세요.

realize
[리얼라이즈]
깨닫다

I didn't realize that.
아이 　 디든트 　 리얼라이즈 　 댓
나는 그것을 깨닫지 못했어요.

TIP real [리얼]은 진짜의, 현실의 라는 의미이죠. 그와 연관해 **realize**는 '현실이 + 되다' 즉 '알아차리다, 깨닫다'라고 이해하면 기억하기 쉽습니다.

arrive
[어롸이브]
도착하다

I arrived at 2:30.
아이 　 어롸이브드 　 앳 투 썰티
나는 2시 30분에 도착했어요.

TIP 공항이나 역에서 Departures [디팔쳐스] 출발, Arrivals [어롸이블스] 도착 사인을 볼 수 있어야 하니 꼭 기억하세요.

109

finish
[피니쉬]
끝내다

Let's finish this now.
렛츠 피니쉬 디스 나우
이제 이것을 끝냅시다.

TIP 경주의 '결승선'을 **finish line** [피니쉬 라인]이라고 하죠. 숙제나 일을 끝내는 것 등 모든 것을 마무리할 때 쓰는 표현입니다.

110

teach
[티치]
가르치다

I can teach you Korean.
아이 캔 티치 유 코리안
내가 당신에게 한국어를 가르쳐 줄 수 있어요.

111

welcome
[웰컴]
환영하다

Welcome to Korea.
웰컴 투 코리아
한국에 오신 것을 환영합니다.

112

trust
[트러스트]
신뢰하다

I trust you.
아이 트러스트 유
나는 당신을 믿어요.

TIP TV에서 금융 관련; 증권사, 보험, 은행 등의 광고에 **trust**라는 단어가 자주 나온답니다.

113

plan
[플랜]
계획하다

We plan to go by train.
위　플랜　투　고　바이　트뤠인
우리는 거기에 기차를 타고 갈 계획이에요.

114

confirm
[컨퍼엄]
확인해 주다

Can you confirm my reservation?
캔　유　컨퍼엄　마이　뤠절베이션
제 예약을 확인해 주시겠어요?

115

hate
[헤이트]
싫어하다

I hate studying.
아이 헤이트　스터딩
나는 공부하는 게 싫어요.

TIP 보통 싫은 것은 I don't like ~ [아이 돈 라이크 ~] 정도로 표현할 수 있는데, hate는 그보다 강도 높게 싫어한다는 뉘앙스가 있어요.

116

marry
[메뤼]
결혼하다

Will you marry me?
윌　유　메뤼　미
나와 결혼해 줄래요?

117

focus
[포커스]
집중하다

Focus on the present.
포커스　　온　　더　　프레즌트

현재에 집중하세요.

118

count
[카운트]
(수를) 세다

Count from 1 to 10.
카운트　　프롬　　원　투　텐

1부터 10까지 세어보세요.

TIP 숫자를 세는 것 외에 돈 계산할 때도 count를 씁니다. 마트에 가면 **counter** [카운터] 계산대에서 계산하죠. 새해에 **count**down [카운트다운] 내려 세기(초읽기)도 매년 하죠.

119

exercise
[엑썰사이즈]
운동하다

I exercise every day.
아이　엑썰사이즈　　　에브리데이

나는 매일 운동을 합니다.

120

touch
[터치]
접촉하다

Don't touch anything.
돈트　　　터치　　　애니씽

아무것도 만지지 마세요.

TIP 전시회나 미술관에서 Don't **Touch** 경고 게시판을 자주 볼 수 있어요.

QUIZ

영어 단어와 뜻을 선으로 연결시켜 보세요.

❶ **fail**   ⓐ 공부하다

❷ **confirm**   ⓑ 운동하다

❸ **drop**   ⓒ 확인해 주다

❹ **study**   ⓓ 깨닫다

❺ **exercise**   ⓔ 도착하다

❻ **press**   ⓕ 실패하다

❼ **realize**   ⓖ 끝내다

❽ **arrive**   ⓗ 떨어뜨리다

❾ **finish**   ⓘ 가르치다

❿ **teach**   ⓙ 누르다

우리말을 보고 영어 단어를 써보세요.

⓫ 환영하다 w＿＿＿＿＿   ⓰ 결혼하다 m＿＿＿＿

⓬ 신뢰하다 t＿＿＿＿   ⓱ 집중하다 f＿＿＿＿

⓭ 계획하다 p＿＿＿   ⓲ (수를) 세다 c＿＿＿＿

⓮ 마시다 d＿＿＿＿   ⓳ 밀다 p＿＿＿

⓯ 싫어하다 h＿＿＿   ⓴ 접촉하다 t＿＿＿＿

정답 ❶-ⓕ ❷-ⓒ ❸-ⓗ ❹-ⓐ ❺-ⓑ ❻-ⓙ ❼-ⓓ ❽-ⓔ ❾-ⓖ ❿-ⓘ
⓫ welcome ⓬ trust ⓭ plan ⓮ drink ⓯ hate ⓰ marry ⓱ focus
⓲ count ⓳ push ⓴ touch

동사 140개 (121~140)

---

1 2 1

become
[비컴]
~이 되다

I want to become a doctor.
아이　원　투　비컴　어　닥터
나는 의사가 되기를 원해요.

---

1 2 2

write
[롸이트]
쓰다

Please write your name.
플리즈　　　롸이트　　유얼　　　네임
당신의 이름을 써 주세요.

> **TIP** write의 첫 글자 w는 소리가 나지 않는 묵음입니다. write 쓰다 외에 listen 듣다, speak 말하다, read 읽다 표현도 함께 알아 두세요.

---

1 2 3

agree
[어그리]
동의하다

I agree with you.
아이　어그리　　위쓰　　유
나는 당신의 의견에 동의해요.

---

1 2 4

wash
[워시]
씻다

I'm washing the dishes.
아임　　　워싱　　　더　　디쉬스
나는 그릇을 씻고 있어요.

---

forget
[폴겟]
잊다

Don't forget my name.
돈　　폴겟　　마이　　네임

내 이름을 잊지 마세요.

TIP　forget의 과거형은 forgot [폴갓] 잊어버렸다 입니다.

remember
[뤼멤버]
기억하다

Do you remember me?
두　유　　　뤼멤버　　　미

나를 기억하나요?

TIP　remember를 발음할 때 두 번째 음절 mem을 강하게 발음해 보세요. 이 단어는 팝송 제목으로도 유명하죠. Try to remember 기억을 더듬어 보세요 라는 곡입니다.

sing
[씽]
노래하다

Will you sing a song to us?
윌　유　씽　어　쏭　투 어스

우리를 위해 노래를 불러 줄래요?

cry
[크롸이]
울다

Don't cry.
돈　　크롸이

울지 마세요.

laugh
[래프]
웃다

Don't laugh. Stop laughing.
돈　래프　스탑　래핑
웃지 마세요. 그만 웃어요.

TIP laugh는 '하하' 소리 내어 웃을 때, smile [스마일]은 미소를 짓는다는 의미예요. laugh에서 gh는 p 발음이 아니고 f 발음입니다.

order
[오더(러)]
주문하다

Are you ready to order?
아　유　뤠디　투　오더(러)
주문할 준비가 되었나요?

recommend
[리코멘드]
추천하다

What do you recommend?
왓　두　유　리코멘드
무엇을 추천해 주시겠어요?

TIP 여행지 식당에서 직원이 Are you ready to order? 라고 물어요. 그때 무슨 음식을 시킬지 고민되면 What do you recommend? 라고 되물을 수 있어요.

cook
[쿡]
요리하다

I will cook.
아이　윌　쿡
내가 요리를 할게요.

133

ride
[라이드]
타다

I ride a bicycle to work.
아이 롸이드 어 바이시클 투 월크

나는 직장에 자전거를 타고 가요.

TIP ride는 몸을 싣고 타는 것을 표현합니다. 자전거, 오토바이, 말, 차 등을 탈 때 쓸 수 있죠.

134

inform
[인포옴]
(공식적으로) 알리다

I will inform Kim.
아이 윌 인포옴 킴

내가 킴에게 알려 줄게요.

TIP 일반 건물, 공항, 역 등에 information [인포메이션] 정보 표지판 많이 보셨죠. inform의 명사 형태랍니다.

135

clean
[클린]
청소하다

Can you clean the room?
캔 유 클린 더 루움

제 방을 청소해 주시겠어요?

136

borrow
[버로우]
빌리다

Can I borrow an umbrella?
캔 아이 버로우 언 엄브렐라

제가 우산을 빌릴 수 있을까요?

137

promise
[프라미스]
약속하다

I promise I will call you.
아이 프라미스 아이 윌 콜 유
내가 당신에게 전화할 것을 약속할게요.

138

land
[랜드]
착륙하다

The plane will be
더 플레인 윌 비
landing at Incheon.
랜딩 앳 인천
그 비행기는 인천에 착륙할 거예요.

TIP 에버**랜드**, 서울**랜드** 등으로 쓰이는 land는 명사로 '땅'이죠. 동사로는 '땅에 내리다' 즉 '착륙하다'라는 뜻이 됩니다. 특히 비행 관련 용어에서 많이 쓰인답니다.

139

fix
[픽스]
고치다

Can you fix this?
캔 유 픽스 디스
이것을 고칠 수 있나요?

140

explain
[익스플레인]
설명하다

Can you explain this?
캔 유 익스플레인 디스
이것을 설명할 수 있나요?

QUIZ

영어 단어와 뜻을 선으로 연결시켜 보세요.

❶ **explain**   ⓐ 청소하다

❷ **fix**   ⓑ (공식적으로) 알리다

❸ **land**   ⓒ 빌리다

❹ **promise**   ⓓ 요리하다

❺ **borrow**   ⓔ 고치다

❻ **clean**   ⓕ 착륙하다

❼ **inform**   ⓖ 추천하다

❽ **ride**   ⓗ 설명하다

❾ **cook**   ⓘ 타다

❿ **recommend**   ⓙ 약속하다

우리말을 보고 영어 단어를 써보세요.

⓫ 주문하다 o＿ ＿ ＿ ＿   ⓰ 잊다 f＿ ＿ ＿ ＿ ＿

⓬ 웃다 l＿ ＿ ＿ ＿   ⓱ 씻다 w＿ ＿ ＿

⓭ 울다 c＿ ＿ ＿   ⓲ 동의하다 a＿ ＿ ＿ ＿

⓮ 노래하다 s＿ ＿ ＿   ⓳ 쓰다 w＿ ＿ ＿ ＿

⓯ 기억하다 r＿ ＿ ＿ ＿ ＿ ＿ ＿   ⓴ ～이 되다 b＿ ＿ ＿ ＿ ＿

정답
❶-ⓗ ❷-ⓔ ❸-ⓕ ❹-ⓙ ❺-ⓒ ❻-ⓐ ❼-ⓑ ❽-ⓘ ❾-ⓓ ❿-ⓖ

⓫ order ⓬ laugh ⓭ cry ⓮ sing ⓯ remember ⓰ forget
⓱ wash ⓲ agree ⓳ write ⓴ become

동사 140개 총정리

단어를 소리 내어 읽어보고 뜻을 떠올려 보세요. 뜻은 오른쪽을 확인하세요.

001 **have**	008 **make**	015 **look**
002 **do**	009 **take**	016 **find**
003 **know**	010 **come**	017 **need**
004 **see**	011 **say**	018 **like**
005 **get**	012 **put**	019 **use**
006 **think**	013 **want**	020 **keep**
007 **go**	014 **give**	

021 **help**	028 **leave**	035 **start**
022 **work**	029 **show**	036 **play**
023 **let**	030 **pay**	037 **cut**
024 **feel**	031 **run**	038 **live**
025 **believe**	032 **read**	039 **meet**
026 **try**	033 **bring**	040 **move**
027 **ask**	034 **understand**	

앞에서 떠올린 뜻이 맞는지 확인해 보고, 영어로 다시 떠올려 보세요.

001	가지다	008	만들다	015	보다
002	하다	009	취하다	016	찾다
003	알다	010	오다	017	필요로 하다
004	보다	011	말하다	018	좋아하다
005	얻다	012	놓다	019	사용하다
006	생각하다	013	원하다	020	유지하다
007	가다	014	주다		

021	돕다	028	떠나다	035	시작하다
022	일하다	029	보여주다	036	놀다
023	~하자	030	지불하다	037	자르다
024	느끼다	031	달리다	038	살다
025	믿다	032	읽다	039	만나다
026	노력하다	033	가져오다	040	움직이다
027	물어보다	034	이해하다		

041 hear	048 thank	055 lead
042 call	049 change	056 stand
043 stop	050 stay	057 hit
044 turn	051 hope	058 love
045 talk	052 wish	059 sit
046 speak	053 follow	060 win
047 buy	054 support	

061 add	068 begin	075 watch
062 learn	069 eat	076 lose
063 wait	070 spend	077 walk
064 send	071 join	078 act
065 return	072 save	079 pick
066 sell	073 decide	080 pass
067 open	074 enjoy	

041 듣다	048 감사하다	055 이끌다
042 전화하다	049 변하다	056 일어서다
043 멈추다	050 머무르다	057 치다
044 돌다	051 희망하다	058 사랑하다
045 이야기하다	052 바라다	059 앉다
046 말하다	053 따라가다	060 이기다
047 사다	054 지원하다	

061 추가하다	068 시작하다	075 시청하다
062 배우다	069 먹다	076 잃어버리다
063 기다리다	070 (돈/시간을) 쓰다	077 걷다
064 보내다	071 가입하다	078 행동하다
065 돌아가다	072 저장하다	079 고르다
066 팔다	073 결정하다	080 통과하다
067 열다	074 즐기다	

081 listen	088 pull	095 control
082 sleep	089 answer	096 wear
083 check	090 visit	097 lie
084 share	091 drive	098 catch
085 enter	092 miss	099 manage
086 care	093 worry	100 fight
087 travel	094 kill	

101 fail	108 arrive	115 hate
102 drink	109 finish	116 marry
103 drop	110 teach	117 focus
104 study	111 welcome	118 count
105 push	112 trust	119 exercise
106 press	113 plan	120 touch
107 realize	114 confirm	

081 듣다	088 당기다	095 통제하다
082 자다	089 대답하다	096 입다
083 점검하다	090 방문하다	097 거짓말하다
084 공유하다	091 운전하다	098 잡다
085 들어가다	092 그리워하다	099 관리하다
086 상관하다	093 걱정하다	100 싸우다
087 여행하다	094 죽이다	

101 실패하다	108 도착하다	115 싫어하다
102 마시다	109 끝내다	116 결혼하다
103 떨어뜨리다	110 가르치다	117 집중하다
104 공부하다	111 환영하다	118 (수를) 세다
105 밀다	112 신뢰하다	119 운동하다
106 누르다	113 계획하다	120 접촉하다
107 깨닫다	114 확인해 주다	

121	become	128	cry	135	clean
122	write	129	laugh	136	borrow
123	agree	130	order	137	promise
124	wash	131	recommend	138	land
125	forget	132	cook	139	fix
126	remember	133	ride	140	explain
127	sing	134	inform		

노트

노트

3장

핵심 영어 단어장 –
형용사 200개

'아름다운, 나쁜, 정직한' 처럼 명사를 자세하게 설명하
거나 꾸며 주는 단어를 '형용사' 라고 합니다. 영어에서
가장 많이 쓰이는 형용사를 200개 뽑았습니다. 이지
쌤 영상과 함께 공부해 보세요.

형용사 200개 (1~20)

0 0 1

important
[임폴턴트]
중요한

This is very important.
디스 이즈 베뤼 임폴턴트
이것은 매우 중요합니다.

TIP '임폴턴트' 발음에서 '턴'은 약하게 '은'에 가깝게 발음해 보세요. '임폴은트' 이렇게요.

0 0 2

large
[라알지]
큰

I live in a large house.
아이 리브 인 어 라알지 하우스
나는 큰 집에 삽니다.

0 0 3

small
[스몰]
작은

It was a small wedding.
잇 워즈 어 스몰 웨딩
그것은 작은(소규모) 결혼식이었어요.

0 0 4

popular
[파퓰러]
인기 있는

BTS is very popular in the U.S.
비티에스 이즈 베뤼 파퓰러 인 더 유에스
BTS는 미국에서 매우 유명해요.

005

different
[디프런트]
다른

I'm a different person now.
아임 어 디프런트 펄슨 나우

나는 지금 다른 사람이에요.

TIP 과거와는 다른 사람이다. 즉 '나는 변했다'라는 의미입니다.

006

difficult
[디피컬트]
어려운

Speaking English is difficult.
스피킹 잉글리쉬 이즈 디피컬트

영어 말하기는 어려워요.

007

old
[올드]
오래된

This is an old picture.
디스 이즈 언 올드 픽쳐

이것은 오래된 사진입니다.

TIP 많이 들어본 How old are you?라는 표현 역시 How(얼마나) old(태어난지 오래 되었나요) are you(당신은)? '당신이 태어난지 얼마나 되었는지' 물어보는 표현입니다.

008

new
[뉴]
새로운

I got a new car.
아이 갓 어 뉴 카알

나는 새 차를 샀어요.

009

useful
[유스풀]
유용한

Learning English is useful.
러닝　　잉글리쉬　이즈　유스풀
영어 배우기는(배우면) 유용합니다.

010

great
[그뤠이트]
대단한

He is a great scientist.
히　이즈 어　그뤠이트　싸이언티스트
그는 대단한 과학자입니다.

TIP great 뒤에는 대단하다고 생각하는 사람, 사물을 넣어서 표현할 수 있어요. **great** soccer player [그뤠이트 싸커 플레이얼] 대단한 축구 선수, **great** show [그뤠이트 쇼우] 위대한 쇼 등이 있죠.

011

strong
[스트롱]
강한

I am a strong man.
아이 엠 어　스트롱　　맨
나는 강한 남자입니다.

TIP strong은 사람 앞에도 쓰지만 재질이 질긴 물질, 강도 높은 제품 등에도 쓸 수 있어요.

012

weak
[위크]
약한

My legs are weak.
마이　레그스　알　위크
내 다리들은 약합니다.

traditional
[트래디셔널]
전통적인

Kimchi is a traditional
김치　　　　이즈 어　　　　트래디셔널

Korean dish.
코리안　　　　디쉬

김치는 전통 한국 음식입니다.

happy
[해피]
행복한

I am happy because
아이 엠　　　해피　　　비커즈

you're here.
유얼　　　히얼

당신이 여기 있어서 행복해요.

healthy
[헬씨]
건강한

I always eat healthy food.
아이 올웨이즈　　이트　　헬씨　　푸드

나는 항상 건강한 음식을 먹어요.

TIP heath [헬쓰] 건강이라는 명사에 –y가 붙어 형용사 '건강한'이 되었어요.

hungry
[헝그리]
배고픈

Are you hungry?
알　유　　　헝그리

당신 배고파요?

poor
[푸얼]
가난한

We were poor,
위 월 푸얼
but we were happy.
벗 위 월 해피
우리는 배고팠지만, 우리는 행복했어요.

rich
[뤼치]
부유한

I want to be rich.
아이 원 투 비 뤼치
나는 부자가 되고 싶어요.

TIP rich는 '돈이 많은, 부유한'이라는 의미 외에 색감이나 감성이 풍부하다고 할 때도 쓰여요.

free
[프리]
자유로운

Are you free tonight?
알 유 프리 투나잇
당신 오늘 밤 한가해요?

helpful
[헬풀]
도움이 되는

That's very helpful.
댓즈 페리 헬풀
그것은 매우 도움이 돼요.

TIP 'help(돕다) + ful(~이 가득한)'이 합쳐져 '도움이 되는'이라는 의미가 됐어요.

영어 단어와 뜻을 선으로 연결시켜 보세요.

① **difficult**　　　　ⓐ 건강한

② **popular**　　　　ⓑ 가난한

③ **traditional**　　　ⓒ 중요한

④ **important**　　　ⓓ 도움이 되는

⑤ **healthy**　　　　ⓔ 인기 있는

⑥ **hungry**　　　　ⓕ 자유로운

⑦ **poor**　　　　　ⓖ 전통적인

⑧ **different**　　　　ⓗ 어려운

⑨ **free**　　　　　ⓘ 배고픈

⑩ **helpful**　　　　ⓙ 다른

우리말을 보고 영어 단어를 써보세요.

⑪ 대단한　g＿＿＿＿＿　　⑯ 행복한　h＿＿＿＿＿

⑫ 유용한　u＿＿＿＿＿　　⑰ 약한　w＿＿＿

⑬ 새로운　n＿＿　　　　⑱ 작은　s＿＿＿＿

⑭ 오래된　o＿＿　　　　⑲ 큰　l＿＿＿＿

⑮ 강한　s＿＿＿＿＿　　⑳ 부유한　r＿＿＿

형용사 200개 (21~40)

021

hot
[핫]
뜨거운

It's hot today.
잇츠　핫　투데이

오늘 더워요.

022

cold
[콜드]
차가운

I feel very cold.
아이　필　베뤼　콜드

나는 매우 추워요.

023

expensive
[익스펜시브]
비싼

It's too expensive.
잇츠　투　익스펜시브

이것은 너무 비싸요.

024

cheap
[칩]
싼

Do you know
두　유　노우

a cheap hotel nearby?
어　칩　호텔　니얼바이

근처에 싼 호텔 아나요?

---

nice
[나이스]
좋은

Have a nice day.
해브　어 나이스　데이
좋은 하루되세요.

TIP day 대신에 time [타임] 시간, trip [트립] 여행, weekend [위켄드] 주말, flight [플라이트] 비행 등 다양한 단어를 넣어 활용할 수 있어요.

global
[글로블]
세계적인

English is a global language.
잉글리쉬　이즈 어　글로블　랭귀지
영어는 국제 언어입니다.

famous
[페이머스]
유명한

She is a famous singer.
쉬　이즈 어　페이머스　싱어
그녀는 유명한 가수입니다.

friendly
[프렌들리]
친절한

He is friendly to everybody.
히　이즈　프렌들리　투　에브리바디
그는 모두에게 친절해요.

TIP 'friend(친구) + ly(~한 성질의, ~다운)'이 합쳐져서 '친구처럼 다정한, 친절한'이라는 의미가 되었어요.

single
[싱글]
독신의

Are you single?
알 유 싱글

당신은 독신(미혼)입니까?

TIP 위 표현은 다소 개인적인 질문이니 가능한 편한 관계에서만 조심해서 사용하세요. **single** room [싱글 룸] 1인용 침실/객실, **single** bed [싱글베드] 1인용 침대라고 할 때도 single이란 표현을 써요.

lucky
[럭키]
행운의

I'm a very lucky man.
아임 어 베뤼 럭키 맨

나는 정말 운 좋은 남자예요.

beautiful
[뷰리풀]
아름다운

Life is beautiful.
라이프 이즈 뷰리풀

인생은 아름다워. (영화 제목)

ugly
[어글리]
못생긴

Shrek is ugly.
슈렉 이즈 어글리

슈렉은 못생겼어요.

033

ready
[뤠디]
준비된

Are you ready to order?
알 유 뤠디 투 오더
주문할 준비 되셨나요? (주문하시겠어요?)

034

typical
[티피컬]
전형적인

This is a typical
디스 이즈 어 티피컬
Korean dinner.
코리안 디너
이것은 전형적인 한국 저녁 식사입니다.

TIP typical은 type [타입] 유형, 종류와 연관시킬 수 있어요. 여러 유형 (type)을 대표하는 전형적인 특징이라고 이해하면 쉽겠죠?

035

careful
[케얼풀]
조심하는

Be careful.
비 케얼풀
조심해요.

036

good
[굿]
좋은

Good morning/night.
굿 모닝 나이트
좋은 아침/저녁이에요.

037

available
[어베일러블]
이용할 수 있는

Do you have a room available?
두 유 해브 어 루움 어베일러블
이용할 수 있는 방 있나요?

TIP 여행 가서 빈방, 좌석(seat), 표(ticket)가 있는지 물을 때 유용하게 쓸 수 있어요.

038

tall
[톨]
키가 큰

This is a very tall tree.
디스 이즈 어 베뤼 톨 트뤼
이것은 매우 높은 나무입니다.

039

short
[숄트]
짧은

She has short hair.
쉬 해즈 숄트 헤얼
그녀는 머리가 짧아요.

040

cultural
[컬츄럴]
문화의

cultural differences
컬추럴 디퍼런시스
문화의 차이

TIP **culture** shock [컬쳐 샥] 문화 충격이라는 말 들어 보셨죠? culture은 cultural의 명사형으로 '문화'라는 뜻입니다.

영어 단어와 뜻을 선으로 연결시켜 보세요.

① **good**   ⓐ 비싼

② **available**   ⓑ 문화의

③ **tall**   ⓒ 준비된

④ **short**   ⓓ 좋은

⑤ **cultural**   ⓔ 이용할 수 있는

⑥ **beautiful**   ⓕ 짧은

⑦ **expensive**   ⓖ 조심하는

⑧ **ready**   ⓗ 키가 큰

⑨ **typical**   ⓘ 아름다운

⑩ **careful**   ⓙ 전형적인

우리말을 보고 영어 단어를 써보세요.

⑪ 행운의 l＿＿＿＿＿   ⑯ 좋은 n＿＿＿

⑫ 독신의 s＿＿＿＿＿   ⑰ 싼 c＿＿＿＿

⑬ 친절한 f＿＿＿＿＿＿   ⑱ 못생긴 u＿＿＿

⑭ 유명한 f＿＿＿＿＿   ⑲ 차가운 c＿＿＿

⑮ 세계적인 g＿＿＿＿＿   ⑳ 뜨거운 h＿＿

정답   ❶-ⓓ ❷-ⓔ ❸-ⓗ ❹-ⓕ ❺-ⓑ ❻-ⓘ ❼-ⓐ ❽-ⓒ ❾-ⓙ ❿-ⓖ
⑪ lucky ⑫ single ⑬ friendly ⑭ famous ⑮ global ⑯ nice
⑰ cheap ⑱ ugly ⑲ cold ⑳ hot

형용사 200개 (41~60)

---

0 4 1

possible
[파서블]
가능한

It's possible to go there by bus.
잇츠 파서블 투 고 데얼 바이 버스
그곳에 버스로 갈 수 있어요.

TIP 영어로 ASAP라는 표현을 많이 써요. As Soon As **Possible** [애즈 순 애즈 파서블]의 약자로 '가능한 빨리'라는 의미입니다.

---

0 4 2

impossible
[임파서블]
불가능한

This is impossible.
디스 이즈 임파서블
이것은 불가능해요.

---

0 4 3

high
[하이]
높은

The price is very high.
더 프라이스 이즈 베뤼 하이
그 가격은 매우 높아요.

---

0 4 4

low
[로우]
낮은

I have low blood pressure.
아이 해브 로우 블러드 프뤠셜
나는 혈압이 낮아요. (저혈압입니다.)

045

simple
[심플]
간단한

YouTube is simple to use.
유튜브 이즈 심플 투 유즈
유튜브는 사용하기 간단해요.

046

additional
[어디셔널]
추가의

How much is additional tax?
하우 머치 이즈 어디셔널 택스
추가되는 세금은 얼마인가요?

TIP add [애드] 추가하다(동사) → addition [어디션] 추가(명사) →
additional [어디셔널] 추가의(형용사) 변형 과정을 참고로 알아 두세요.

047

sorry
[쏘뤼]
미안한

I'm sorry I'm late.
아임 쏘뤼 아임 레이트
늦어서 미안해요.

048

afraid
[어프뢰이드]
두려워하는

I'm afraid of dogs.
아임 어프뢰이드 오브 독스
나는 개를 두려워해요.

049

similar
[시밀러]
비슷한

I am similar to my father.
아이 엠　시밀러　투 마이　파덜

나는 나의 아버지와 비슷해요. (닮았어요.)

TIP similar [시밀러]에서 중간에 발음 '밀'은 '멀'에 가깝게 발음합니다.

050

long
[롱]
긴

How long does it take?
하우　롱　더즈　잇　테익

그것은 얼마나 길게 걸리나요?

TIP 시간이 얼마나 걸리는지 묻는 표현으로 문장 끝에 'to + 동사'를 붙여 '~하는데 얼마나 걸려요?'라고 구체적으로 물어 볼 수 있어요.

051

next
[넥스트]
다음의

See you in Korea next time.
씨　유　인　코리아　넥스트　타임

한국에서 다음에 봐요.

052

able
[에이블]
할 수 있는

I'm able to swim.
아임　에이블 투　스윔

나는 수영을 할 수 있어요.

TIP be(am, are, is) able to는 can으로 바꿔 쓸 수 있어요. I can swim. [아이 캔 스윔]과 같은 의미죠.

various
[베어리어스]
다양한

This word has
디스　워드　해즈
various meanings.
베어리어스　　미닝스
이 단어는 다양한 의미가 있어요.

emotional
[이모우셔널]
감정의

Kim has emotional problems.
킴　해즈　이모우셔널　프라블럼스
킴은 감정적인 문제들이 있어요.

TIP 위 예시에서는 약간 부정적으로 '감정적인'이라는 뜻으로 쓰였지만, '감동적인, 정서적인'이라는 의미로도 쓰여요.

hard
[하알드]
힘든

Life is hard.
라이프 이즈　하알드
인생은 힘들어요.

soft
[소프트]
부드러운

He has a soft voice.
히　해즈　어　소프트　보이스
그는 부드러운 목소리를 가졌어요.

successful
[썩세스풀]
성공적인

The 1988 Seoul Olympics
더   나인틴에이리에잇 서울   올림픽스

were successful.
월   썩쎄스풀

1988년 올림픽은 성공적이었어요.

TIP success [썩쎄스] 성공이라는 명사에 –ful [풀] ~가득한 이라는 접미사가 붙어서 형용사 successful이 되었어요.

boring
[보오링]
지루한

This video is boring.
디스   비디오   이즈   보오링

이 비디오는 지루합니다.

cute
[큐트]
귀여운

She is a cute little baby.
쉬   이즈어   큐트   리를   베이비

그녀는 귀엽고 작은 아기예요.

responsible
[뤼스판서블]
책임 있는

I'm responsible for this.
아임   뤼스판서블   폴   디스

나는 이것에 책임이 있어요.

영어 단어와 뜻을 선으로 연결시켜 보세요.

❶ low   ⓐ 다양한

❷ additional   ⓑ 두려워하는

❸ various   ⓒ 낮은

❹ emotional   ⓓ 가능한

❺ afraid   ⓔ 성공적인

❻ soft   ⓕ 책임 있는

❼ successful   ⓖ 추가의

❽ possible   ⓗ 불가능한

❾ impossible   ⓘ 감정의

❿ responsible   ⓙ 부드러운

우리말을 보고 영어 단어를 써보세요.

⓫ 간단한 s _ _ _ _ _   ⓰ 힘든 h _ _ _

⓬ 미안한 s _ _ _ _   ⓱ 비슷한 s _ _ _ _ _ _

⓭ 긴 l _ _ _   ⓲ 지루한 b _ _ _ _ _

⓮ 다음의 n _ _ _   ⓳ 높은 h _ _ _

⓯ 할 수 있는 a _ _ _   ⓴ 귀여운 c _ _ _

정답 ❶-ⓒ ❷-ⓖ ❸-ⓐ ❹-ⓘ ❺-ⓑ ❻-ⓙ ❼-ⓔ ❽-ⓓ ❾-ⓗ ❿-ⓕ
⓫ simple ⓬ sorry ⓭ long ⓮ next ⓯ able ⓰ hard ⓱ similar
⓲ boring ⓳ high ⓴ cute

형용사 200개 (61~80)

061

foreign
[포륀]
외국의

Speaking a foreign language
스피킹   어   포륀   랭기쥐
is not easy.
이즈   낫   이지
외국의 언어(외국어) 말하기는 쉽지 않아요.

062

recent
[뤼슨트]
최근의

Is this a recent photo?
이즈 댓 어   뤼슨트   포토
이것은 최근 사진인가요?

063

major
[메이져]
주요한

Air pollution is a major problem.
에얼   폴루션   이즈 어   메이져   프라블럼
공기 오염은 주요한 문제입니다.

064

minor
[마이널]
주요하지 않은

The house only needs minor repairs.
더 하우스 오운리 니즈   마이널   뤼페얼스
그 집은 오로지 작은 수리가 필요합니다.

favorite
[페이브릿]
매우 좋아하는

What's your favorite food?
왓츠   유얼   페이브릿   푸드

당신이 좋아하는 음식은 뭔가요?

---

historical
[히스토뤼컬]
역사적인

Who's your favorite
후즈   유얼   페이브릿

historical person?
히스토뤼컬   펄슨

당신이 가장 좋아하는 역사적인 인물은 누구입니까?

TIP historical은 history [히스토리] 역사(명사)의 형용사 형태입니다.

---

financial
[파이낸셜]
금융의

He needs financial help.
히   니즈   파이낸셜   헬프

그는 금융적인(금전적인) 도움이 필요합니다.

TIP financial은 finance [파이낸스] 재정, 자금(명사)의 형용사 형태입니다.

---

big
[빅]
큰

How big is this park?
하우   빅   이즈   디스   팍크

이 공원은 얼마나 큽니까?

wonderful
[원덜풀]
아주 멋진

Busan is a wonderful city.
부산   이즈 어   원덜풀   씨티
부산은 아주 멋진 도시입니다.

busy
[비지]
바쁜

Are you busy tonight?
알   유   비지   투나잇
오늘 밤 당신 바쁜가요?

dangerous
[대인져러스]
위험한

It's too dangerous.
잇츠   투   대인져러스
그것은 무척 위험합니다.

TIP 국내나 해외에서 danger [데인져] 위험 표시를 보면 꼭 유의하셔야 겠죠? danger의 형용사 형태가 바로 dangerous입니다.

safe
[세이프]
안전한

Don't worry.
돈   워뤼
걱정하지 마세요.

We are safe here.
위   알   세이프   히얼
우리는 여기서 안전합니다.

thick
[씩]
두꺼운

This book is very thick.
디스   북   이즈 베뤼   씩

이 책은 매우 두꺼워요.

thin
[씬]
얇은

This thin book is mine.
디스   씬   북   이즈   마인

이 얇은 책은 내 거예요.

TIP 피자의 빵(도우)이 두꺼운 게 좋으신가요, 얇은 게 좋은가요? 여기서 얇은 도우를 바로 **thin** pizza [씬피자] 라고 합니다.

serious
[씨뤼어스]
심각한

• Are you serious?
알   유   시뤼어스

당신 심각해요? (정말이에요?)

• I have a serious problem.
아이 해브   어   시뤼어스   프라블럼

나는 심각한 문제가 있어요.

excellent
[엑썰런트]
탁월한

The food was excellent.
더   푸드   워즈   엑썰런트

그 음식은 탁월했어요.

sharp
[샬프]

날카로운

I have a sharp knife.
아이 해브 어 샬프 나이프

나는 날카로운 칼을 갖고 있어요.

TIP 칼 등 뾰쪽한 것도 sharp라고 쓰지만, 사람 외모나 말투를 표현할 때도 '날카롭다, 신랄하다'라는 의미로 sharp를 씁니다.

wild
[와일드]

야생의

I'm afraid of wild animals.
아임 어프뢰이드 오브 와일드 애니멀스

나는 야생 동물들이 두려워요.

crazy
[크뤠이지]

미친

• Are you crazy?
알 유 크뤠이지

당신 미쳤어요?

• He is crazy about soccer.
히 이즈 크뤠이지 어바웃 싸컬

그는 축구에 미쳤어요.

impressive
[임프뤠시브]

인상적인

She was impressive in the interview.
쉬 워즈 임프뤠시브 인 디 인터뷰

그녀는 인터뷰에서 인상적이었어요.

영어 단어와 뜻을 선으로 연결시켜 보세요.

❶ **historical**　　　　ⓐ 심각한

❷ **favorite**　　　　　ⓑ 역사적인

❸ **dangerous**　　　　ⓒ 미친

❹ **serious**　　　　　ⓓ 얇은

❺ **excellent**　　　　ⓔ 매우 좋아하는

❻ **thin**　　　　　　ⓕ 날카로운

❼ **sharp**　　　　　　ⓖ 인상적인

❽ **wonderful**　　　　ⓗ 위험한

❾ **crazy**　　　　　　ⓘ 탁월한

❿ **impressive**　　　　ⓙ 아주 멋진

우리말을 보고 영어 단어를 써보세요.

⓫ 중요하지 않은 m＿＿＿＿＿　　　⓰ 안전한 s＿＿＿

⓬ 금융의 f＿＿＿＿＿＿＿＿　　　⓱ 야생의 w＿＿＿

⓭ 큰 b＿＿　　　　　　　　　　⓲ 외국의 f＿＿＿＿＿＿

⓮ 바쁜 b＿＿＿　　　　　　　　⓳ 최근의 r＿＿＿＿＿

⓯ 두꺼운 t＿＿＿＿　　　　　　⓴ 주요한 m＿＿＿＿

정답
❶-ⓑ ❷-ⓔ ❸-ⓗ ❹-ⓐ ❺-ⓘ ❻-ⓓ ❼-ⓕ ❽-ⓙ ❾-ⓒ ❿-ⓖ
⓫ minor ⓬ financial ⓭ big ⓮ busy ⓯ thick ⓰ safe ⓱ wild
⓲ foreign ⓳ recent ⓴ major

형용사 200개 (81~100)

081

fat
[팻]
뚱뚱한

Do you think I'm fat?
두 유 씽크 아임 팻

당신 생각에 내가 뚱뚱한 것 같나요?

082

slim
[슬림]
날씬한

He is tall and slim.
히 이즈 톨 앤 슬림

그는 키가 크고 날씬해요.

083

practical
[프랙티컬]
현실적인

His ideas are
히즈 아이디어스 알
always practical.
올웨이즈 프랙티컬

그의 아이디어들은 늘 현실적(실용적)이죠.

084

empty
[엠프티]
빈

The room is empty.
더 루움 이즈 엠프티

그 방은 비어있어요.

---

stupid
[스튜핏]
어리석은

It was a stupid mistake.
잇 워즈 어 스튜핏 미스테이크
그것은 어리석은 실수였어요.

dirty
[덜티]
더러운

The spoon is dirty.
더 스푼 이즈 덜티
그 숟가락은 더러워요.

effective
[이펙티브]
효과적인

Aspirin is a simple
아스피린 이즈 어 심플
but effective treatment.
벗 이펙티브 트뤼트먼트
아스피린은 간단하지만 효과적인 처치입니다.

efficient
[이피션트]
효율적인

This system is cheap and efficient.
디스 시스템 이즈 칩 앤 이피션트
이 시스템은 싸고 효율적입니다.

TIP effective와 efficient는 발음도 비슷하지만, 그 의미도 비슷한 뉘앙스가 있는데요. 차이가 있다면 effective는 약같이 명확한 효과(결과)를, efficient는 비용이나 시간 대비 성과를 보여주는 효율성을 나타냅니다.

brave
[브뤠이브]
용감한

You are either brave or stupid.
유 알 이덜 브뤠이브 오얼 스튜핏

당신은 용감하거나 멍청한 겁니다.

usual
[유쥬얼]
평상시의

He is late as usual.
히 이즈 레이트 애즈 유쥬얼

그는 평소처럼 늦었어요.

familiar
[퍼밀리어]
익숙한

This melody is familiar to me.
디스 멜로디 이즈 퍼밀리어 투 미

이 음은 내게 익숙해요.

> **TIP** 세상에서 가장 친근하고 익숙한 관계는 바로 가족이죠. familiar은 family [패밀리] 가족에서 파생된 단어입니다.

valuable
[밸류어블]
가치 있는

That was a valuable
댓 워즈 어 밸류어블

experience.
익스피뤼언스

그것은 가치 있는 경험입니다.

> **TIP** valuable은 value [밸유] 가치(명사)의 형용사 형태입니다.

sweet
[스윗]
달콤한

Sugar is sweet.
슈거　이즈　스윗

설탕은 달콤해요.

You're so sweet.
유얼　소　스윗

당신은 정말 친절하네요.

Sweet dreams.
스윗　드림스

좋은 꿈 꿔요.

funny
[퍼니]
웃기는

His joke was very funny.
히즈　조크　워즈　베뤼　퍼니

그의 농담은 매우 웃겼어요.

legal
[리걸]
법적인

I want your legal advice.
아이　원트　유얼　리걸　어드바이스

나는 당신의 법적인 조언을 원해요.

illegal
[일리걸]
불법적인

He is an illegal immigrant.
히　이즈　언　일리걸　이미그랜트

그는 불법적인 이민자입니다.

097

comfortable
[컴포터블]
편안한

This is a comfortable chair.
디스 이즈 어 컴포터블 췌얼
이것은 편안한 의자입니다.

098

sick
[씩]
아픈

He must be sick.
히 머스트 비 씩
그는 아픈 것이 분명해요.

099

super
[쑤펄]
대단한

Who's your favorite
후즈 유얼 페이브릿
superhero?
쑤펄히로우
당신의 대단한 영웅은 누구인가요?

100

chemical
[케미컬]
화학의

Magnesium is
매그니지엄 이즈
a chemical element.
어 케미컬 엘리먼트
마그네슘은 화학 원소입니다.

영어 단어와 뜻을 선으로 연결시켜 보세요.

❶ **effective**		ⓐ 화학의
❷ **funny**		ⓑ 편안한
❸ **comfortable**		ⓒ 빈
❹ **fat**		ⓓ 익숙한
❺ **chemical**		ⓔ 효과적인
❻ **practical**		ⓕ 웃기는
❼ **efficient**		ⓖ 뚱뚱한
❽ **familiar**		ⓗ 불법적인
❾ **illegal**		ⓘ 효율적인
❿ **empty**		ⓙ 현실적인

우리말을 보고 영어 단어를 써보세요.

⑪ 어리석은 s＿＿＿＿

⑫ 더러운 d＿＿＿＿

⑬ 달콤한 s＿＿＿＿

⑭ 가치 있는 v＿＿＿＿＿＿＿

⑮ 법적인 l＿＿＿＿

⑯ 아픈 s＿＿＿

⑰ 대단한 s＿＿＿＿

⑱ 날씬한 s＿＿＿

⑲ 용감한 b＿＿＿＿

⑳ 평상시의 u＿＿＿＿

정답 ❶-ⓔ ❷-ⓕ ❸-ⓑ ❹-ⓖ ❺-ⓐ ❻-ⓙ ❼-ⓘ ❽-ⓓ ❾-ⓗ ❿-ⓒ
⑪ stupid ⑫ dirty ⑬ sweet ⑭ valuable ⑮ legal ⑯ sick ⑰ super
⑱ slim ⑲ brave ⑳ usual

형용사 200개 (101~120)

101

delicious
[딜리셔스]
맛있는

This food is delicious.
디스 푸드 이스 딜리셔스
이 음식은 맛있어요.

102

handsome
[핸썸]
잘생긴

Do you think I'm handsome?
두 유 씽크 아임 핸썸
당신 생각에 내가 잘생긴 것 같나요?

TIP 문장 끝 handsome 대신 pretty/beautiful/ugly? [프리티/뷰리풀/어글리] 예쁜/아름다운/못생긴 등을 넣어 활용해 보세요.

103

tired
[타이얼드]
지친

I'm really tired.
아임 뤼얼리 타이얼드
나는 정말 지쳤어요.

104

active
[액티브]
활동적인

Cats are active at night.
캣츠 알 액티브 앳 나이트
고양이는 밤에 활동적입니다.

105

clean
[클린]
깨끗한

Keep your hands clean.
킵 유얼 핸즈 클린

당신의 손을 깨끗하게 유지하세요.

TIP cleanser [클렌저] 세안제와 clean을 연관해서 기억하세요.

106

creative
[크리에이티브]
창의적인

He has a lot of creative ideas.
히 해즈 어 랏 오브 크리에이티브 아이디어스

그는 많은 창의적인 아이디어를 갖고 있어요.

TIP 요즘 인기 있는 직종인 유튜브 크리에이터(YouTube creator) 많이 들어 보셨죠? 창의적인 영상을 만들어 내는 사람들을 말한답니다.

107

actual
[액츄얼]
실제의

This story is based on
디스 스토리 이즈 베이스드 온
actual events.
액츄얼 이벤츠

이 이야기는 실제 사건에 기반합니다.

108

dark
[달크]
어두운

It will be dark soon.
잇 윌 비 달크 순

곧 어두워질 거예요.

deep
[딥]
깊은

How deep is the lake?
하우 딥 이즈 더 레이크
이 호수는 얼마나 깊나요?

double
[더블]
두 배의

I would like a double room.
아이 우드 라이크 어 더블 루움
저는 더블룸으로 할게요.

TIP 호텔을 예약할 때 double room과 twin room 중 선택할 수 있는데요. double room은 성인 2인 기준의 킹사이즈 침대가 있는 객실을 말해요. 참고로 twin room [트윈룸]은 1인용침대가 두 대 있는 객실을 말합니다.

aware
[어웨얼]
알고 있는

I'm aware of the risks.
아임 어웨얼 오브 더 뤼스크
나는 그 위험을 알고 있어요.

alone
[얼론]
혼자

You are not alone.
유 알 낫 얼론
당신은 혼자가 아니에요.

113

dry
[드라이]
건조한

I have dry skin.
아이 해브 　 드라이 　 스킨
저는 건조한 피부를 갖고 있어요.

114

wet
[웻]
젖은

Take off your wet clothes.
테이크 　 오프 　 유얼 　 웻 　 클로스
당신의 젖은 옷을 벗으세요.

115

final
[파이널]
마지막의

Is that your final decision?
이즈 　 댓 　 유얼 　 파이널 　 디씨젼
그것은 당신의 마지막 결정인가요?

116

fresh
[프뤠쉬]
신선한

We need fresh air.
위 　 니드 　 프뤠쉬 　 에얼
우리는 신선한 공기가 필요해요.

TIP fresh는 '신선한, 생생한, 싱싱한' 등의 의미로 특히 채소나 과일같은 신선함이 필요한 음식명 앞에 자주 쓰이죠. 우유갑에도 Fresh Milk [프레시 밀크] 신선한 우유 라고 쓰여진 것을 보셨을 거예요. 요즘같이 미세먼지가 많을 때는 fresh air [프레쉬 에얼] 신선한 공기도 필요하겠죠.

117

heavy
[헤비]
무거운

These books are heavy.
디즈　　　북스　　알　　헤비

이 책들은 무거워요.

TIP heavy drinker [헤비 드링커] (술을) 많이 마시는 사람, heavy rain [헤비 뤠인] 많이 쏟아지는 비, heavy accent [헤비 엑센트] 강한 억양에서 heavy의 쓰임도 알아두세요.

118

light
[라이트]
가벼운

This camera is light.
디스　　　캐매라　　이즈　라이트

이 카메라는 가벼워요.

119

entire
[엔타이얼]
전체의

The entire city was
디　　엔타이얼　씨리　워즈

without electricity.
위다웃　　　　　일렉트뤼시리

그 전체 도시는 전기가 없었어요. (정전됐어요.)

120

intelligent
[인텔리젼트]
총명한

He is very intelligent.
히　이즈　베뤼　　인텔리젼트

그는 매우 총명합니다.

영어 단어와 뜻을 선으로 연결시켜 보세요.

❶ **active**　　　　　　ⓐ 깊은

❷ **intelligent**　　　　ⓑ 맛있는

❸ **creative**　　　　　ⓒ 활동적인

❹ **actual**　　　　　　ⓓ 어두운

❺ **dark**　　　　　　　ⓔ 지친

❻ **deep**　　　　　　　ⓕ 창의적인

❼ **delicious**　　　　　ⓖ 두 배의

❽ **handsome**　　　　　ⓗ 총명한

❾ **tired**　　　　　　　ⓘ 실제의

❿ **double**　　　　　　ⓙ 잘생긴

우리말을 보고 영어 단어를 써보세요.

⓫ 알고 있는　a＿＿＿＿

⓬ 혼자　a＿＿＿＿

⓭ 무거운　h＿＿＿＿

⓮ 가벼운　l＿＿＿＿

⓯ 전체의　e＿＿＿＿

⓰ 깨끗한　c＿＿＿＿

⓱ 건조한　d＿＿

⓲ 젖은　w＿＿

⓳ 마지막의　f＿＿＿＿

⓴ 신선한　f＿＿＿＿

정답　❶-ⓒ ❷-ⓗ ❸-ⓕ ❹-ⓘ ❺-ⓓ ❻-ⓐ ❼-ⓑ ❽-ⓙ ❾-ⓔ ❿-ⓖ
⓫ aware ⓬ alone ⓭ heavy ⓮ light ⓯ entire ⓰ clean ⓱ dry
⓲ wet ⓳ final ⓴ fresh

형용사 200개 (121~140)

---

1 2 1

early
[얼리]
이른

The train was 15 minutes early.
더 트뤠인 워즈 피프틴 미닛츠 얼리
그 기차는 15분 일찍 왔어요.

TIP **early bird** [얼리 벌드] 일찍 일어나는 새 즉 부지런한 사람을 의미하는데요. 비행기표나 공연표를 몇 개월 일찍 예매하면 할인 혜택을 받는 것을 말한답니다.

---

1 2 2

late
[레이트]
늦은

I'm sorry. I'm late.
아임 쏘뤼 아임 레이트
미안해요. 나 늦었어요.

---

1 2 3

young
[영]
어린

You're still young.
유얼 스틸 영
당신은 여전히 젊어요.

---

1 2 4

little
[리틀(를)]
작은

We have a little problem.
위 해브 어 리틀 프라블럼
우리는 작은 문제가 있어요.

political
[폴리티(리)컬]
정치적인

He is a political leader.
히 이즈 어 폴리티(리)컬 리더
그는 정치 지도자입니다.

TIP political의 ti는 '티' 보다는 '리'에 가깝게 발음하면 자연스러워요.
연관 단어는 politics [팔러틱스] 정치, politician [팔러티션] 정치인 등
이 있습니다.

real
[뤼얼]
진짜의

Is that real?
이즈 댓 뤼얼
그것은 진짜입니까?

only
[오운리]
유일한

I'm an only child.
아임 언 오운리 찰드
나는 유일한 아이예요. (독자예요.)

TIP 책이나 영화의 제목으로 쓰일때 [온리]라고 발음하지만, [오운리]라고
하면 더 자연스러워요.

sure
[슈얼]
확신하는

Are you sure?
알 유 슈얼
당신 확신하나요? (확실해요?)

personal
[펄스널]
개인적인

Can I ask you
캔 아이 애스크 유

a personal question?
어 펄스널 퀘스쳔

제가 개인적인 질문을 해도 될까요?

TIP person [펄슨] 사람, 개인(명사)의 형용사 형태입니다. 평상시에 자주 사용하는 PC는 Personal Computer [펄스널 컴퓨터] 개인용 컴퓨터의 약자이죠.

public
[퍼블릭]
공공의

We use public transportation.
위 유즈 퍼블릭 트랜스폴테이션

우리는 공공(대중) 교통을 이용합니다.

better
[베럴]
더 좋은

Do you have a better idea?
두 유 해브 어 베럴 아이디어

당신에게 더 좋은 생각이 있나요?

full
[풀]
가득한

What is your full name?
왓 이즈 유얼 풀 네임

당신의 전체 이름은 무엇인가요?

133

national
[내셔널]
국가의

Today is a national holiday.
투데이　이즈 어　　내셔널　　할러데이

오늘은 국가 공휴일입니다.

134

international
[인터내셔널]
국제적인

English is an
잉글리쉬　이즈 언

international language.
인터내셔널　　　　랭귀지

영어는 국제적인 언어입니다.

135

local
[로컬]
지역의

Can you recommend
캔　유　　　뢰코멘드

a good local restaurant?
어　굿　　로컬　　뢰스토랑

괜찮은 지역 레스토랑을 추천해 줄 수 있나요?

TIP local restaurant는 외국인보다 현지 사람들이 자주 가는 식당을 말합니다.

136

special
[스페셜]
특별한

She's a very special friend.
쉬즈　어　베뤼　스페셜　프렌드

그녀는 매우 특별한 친구예요.

137

true
[트루]
사실인

Is that true?
이즈 댓 트루
그게 사실인가요?

138

wrong
[롱]
틀린

I got the wrong number.
아이 갓 더 롱 넘버
제가 잘못된 번호를 받았어요.

TIP wrong의 첫 글자 w는 소리가 나지 않는 묵음입니다.

139

general
[제너럴]
일반적인

It was the general opinion.
잇 워즈 더 제너럴 오피니언
그것은 일반적인 의견입니다.

140

social
[소셜]
사회적인

What is a social problem?
왓 이즈 어 소셜 프라블럼
사회적인 문제가 뭔가요?

TIP 많은 사람이 즐겨 하는 '카카오톡, 인스타그램, 페이스북' 등을 SNS(Social Networking Service) [에스엔에스: 소셜 네트월킹 섭비스] 사회 관계망 서비스라고 합니다. social의 반대되는 말은 앞에서 배운 personal 개인적인 입니다.

QUIZ

영어 단어와 뜻을 선으로 연결시켜 보세요.

❶ little   ⓐ 정치적인

❷ political   ⓑ 진짜의

❸ real   ⓒ 일반적인

❹ international   ⓓ 확신하는

❺ sure   ⓔ 더 좋은

❻ personal   ⓕ 작은

❼ public   ⓖ 가득한

❽ better   ⓗ 국제적인

❾ full   ⓘ 개인적인

❿ general   ⓙ 공공의

우리말을 보고 영어 단어를 써보세요.

⑪ 늦은 l＿ ＿ ＿   ⑯ 특별한 s＿ ＿ ＿ ＿ ＿ ＿

⑫ 어린 y＿ ＿ ＿ ＿   ⑰ 사실인 t＿ ＿ ＿

⑬ 국가의 n＿ ＿ ＿ ＿ ＿ ＿ ＿ ＿   ⑱ 틀린 w＿ ＿ ＿ ＿

⑭ 유일한 o＿ ＿ ＿   ⑲ 이른 e＿ ＿ ＿ ＿

⑮ 지역의 l＿ ＿ ＿ ＿   ⑳ 사회적인 s＿ ＿ ＿ ＿ ＿ ＿

정답 ❶-ⓕ ❷-ⓐ ❸-ⓑ ❹-ⓗ ❺-ⓓ ❻-ⓘ ❼-ⓙ ❽-ⓔ ❾-ⓖ ❿-ⓒ
⑪ late ⑫ young ⑬ national ⑭ only ⑮ local ⑯ special ⑰ true
⑱ wrong ⑲ early ⑳ social

형용사 200개 (141~160)

1 4 1

unique
[유닉]
유일한

Everyone's fingerprints
에브리원스 　　　　　 핑거프린츠

are unique.
알 　　 유닉

모든 지문은 유일합니다.

1 4 2

right
[라이트]
옳은

That's right!
댓츠 　　 라이트

그게 옳아요!

1 4 3

private
[프라이벗]
사유의

She has a private yacht.
쉬 　 해즈 　어 　 프라이벗 　　 야트

그녀는 개인 소유의 요트를 갖고 있어요.

1 4 4

clear
[클리얼]
분명한

Is that clear?
이즈 　 댓 　　 클리얼

분명한가요?

TIP clear는 물과 하늘 등의 상태가 맑고 투명할 때도 씁니다.

120

perfect
[펄펙트]
완벽한

Your English is perfect.
유얼　　잉글리쉬　　이즈　　펄펙트
당신의 영어는 완벽해요.

critical
[크리티컬]
비판적인

Don't be so critical.
돈　　비　　쏘　　크리티컬
그렇게 비판적이지 말아요.

common
[커먼]
흔한

It's a common mistake.
잇츠　어　　커먼　　미스테이크
그것은 흔한 실수입니다.

pretty
[프리티(리)]
예쁜

Pretty woman, walking down
프리티(리)　　워먼　　워킹　　다운
the street, pretty woman ~
더　　스트릿　　프리티(리)　　워먼
예쁜 여인, 길을 걷고 있는, 예쁜 여인 ~

TIP 위 예문은 Pretty Woman이라는 팝송 가사입니다. pretty와 비슷한 의미의 단어는 beautiful [뷰리풀] 아름다운 인데요. pretty가 어린 아이같이 '작고 귀엽고 예쁜'의 뉘앙스라면 beautiful은 성숙한 여성이나 풍경, 자연이 아름답다고 할 때 쓸 수 있습니다.

physical
[피지컬]
육체의

He's in good
히즈 인 굿
physical condition.
피지컬 컨디션
그는 좋은 육체 상태입니다. (건강합니다.)

main
[메인]
주된

One of the main products of
원 오브 더 메인 프로덕츠 오브
this country is diamonds.
디스 컨츄리 이즈 다이아몬즈
이 나라의 주된 상품은 보석입니다.

fast
[패스트]
빠른

The car is very fast.
더 카알 이즈 베뤼 패스트
이 자동차는 매우 빠릅니다.

wide
[와이드]
넓은

The Hangang river is wide.
더 한강 뤼벌 이즈 와이드
한강은 넓어요.

TIP 한강은 Han River [한 뤼벌]라고도 표현합니다.

153

direct
[디뤤트]
직접적인

It's a direct flight from
잇츠 어 디뤤트 플라이트 프롬
Incheon to San Francisco.
인천 투 샌 프란시스코

이것은 인천 출발 샌프란시스코 도착 직항편입니다.

TIP direct의 di- 발음은 '디-'라고 발음하기도 하고 '다이- (다이뤤트)'라고 발음하기도 합니다.

154

medical
[메디컬]
의학의

Do you have any medical problems?
두 유 해브 애니 메디컬 프라블럼스

당신은 의학적인 문제가 있나요?

155

huge
[휴쥐]
거대한

Seoul is a huge city.
서울 이즈 어 휴쥐 시티

서울은 거대한 도시입니다.

156

rare
[뤠얼]
드문

This is a very rare case.
디스 이즈 어 베뤼 뤠얼 케이스

이것은 매우 드문 경우이죠.

TIP rare은 '드문, 희귀한'이라는 의미 외에 스테이크 굽기 정도에서 '살짝 익힌, 설익은'을 말할 때도 자주 써요.

157

fine
[파인]
괜찮은

Everything is fine so far.
에브리씽 이즈 파인 쏘 파알
모든 것은 아직까지 괜찮아요.

TIP 누군가 안부를 물을 때 Fine, thank you. [파인 쌩유] 좋아요, 고마워요 라는 대답 익숙하시죠? 참고로 해외에 가면 fine dining이라는 간판을 보실 수 있을 텐데요. 이는 분위기가 좋은 고급 식당을 말합니다.

158

powerful
[파월풀]
강력한

President Trump is powerful.
프레지던트 트럼프 이즈 파월풀
트럼프 대통령은 강력합니다.

159

quick
[퀵]
신속한

Can I ask you a quick question?
캔 아이 애스크 유 어 퀵 퀘스천
당신에게 신속한(간단한) 질문 하나 해도 될까요?

TIP quick service [퀵 설비스] 퀵 서비스는 빠르고 간단한 서비스를 말하죠.

160

original
[오뤼지널]
원래의

What was your original plan?
왓 워즈 유얼 오뤼지널 플랜
당신의 원래 계획은 무엇이었나요?

영어 단어와 뜻을 선으로 연결시켜 보세요.

❶ fine   ⓐ 신속한

❷ powerful   ⓑ 육체의

❸ quick   ⓒ 비판적인

❹ original   ⓓ 사유의

❺ unique   ⓔ 옳은

❻ right   ⓕ 원래의

❼ private   ⓖ 완벽한

❽ physical   ⓗ 강력한

❾ perfect   ⓘ 괜찮은

❿ critical   ⓙ 유일한

우리말을 보고 영어 단어를 써보세요.

⑪ 흔한 c＿ ＿ ＿ ＿   ⑯ 드문 r＿ ＿ ＿

⑫ 예쁜 p＿ ＿ ＿ ＿ ＿   ⑰ 분명한 c＿ ＿ ＿ ＿

⑬ 직접적인 d＿ ＿ ＿ ＿ ＿   ⑱ 주된 m＿ ＿ ＿

⑭ 의학의 m＿ ＿ ＿ ＿ ＿ ＿   ⑲ 빠른 f＿ ＿ ＿

⑮ 거대한 h＿ ＿ ＿   ⑳ 넓은 w＿ ＿ ＿

형용사 200개 (161~180)

161

regular
[뤠귤러]
정기적인

Is there regular bus service
이즈 데얼 뤠귤러 버스 설비스

to the airport?
투 디 에어폴트

공항으로 가는 정기적인 버스 서비스가 있나요?

162

pure
[퓨얼]
순수한

Is this pure gold/water?
이즈 디스 퓨얼 골드 워러

이것은 순금/순수한 물인가요?

163

fair
[페얼]
공정한

It's not fair.
잇츠 낫 페얼

이것은 공정하지 않아요.

164

nervous
[널버스]
불안해하는

I was very nervous at first.
아이 워즈 베뤼 널버스 앳 펄스트

처음에는 매우 불안했어요. (긴장되었어요.)

126

165

flat
[플랫]
평평한

The Earth is round, not flat.
디 얼스 이즈 롸운드 낫 플랫
지구는 평평하지 않고, 둥글어요.

166

current
[커런트]
현재의

This news isn't current.
디스 뉴스 이즌트 커런트
이 뉴스는 현재의 것이 아니죠.

167

reasonable
[뤼즈너블]
합리적인

That's a reasonable price.
댓츠 어 뤼즈너블 프라이스
그것은 합리적인(적당한) 가격입니다.

168

natural
[내추럴]
자연의

The country has
더 컨츄리 해즈
natural resources.
내추럴 리솔시즈
그 나라는 자연(천연)의 자원들을 갖고 있어요.

TIP 한국은 천연 자연이 풍부하지 않죠. 대신에 유능한 인력자원이 많은데요. 인적 자원은 human resources [휴먼 리솔시스]라고 합니다.

169

normal
[놀멀]
보통의

It's normal to make mistakes.
잇츠 놀멀 투 메이크 미스테익스
실수하는 것은 보통의 일이에요.

170

equal
[이퀄]
동일한

All men are equal
올 멘 알 이퀄
(under the law).
언덜 더 러
모든 사람은 (법 아래) 평등합니다.

171

tight
[타이트]
빽빽한

I have a tight schedule.
아이 해브 어 타이트 스케쥴
나는 빽빽한 일정이 있어요. (바빠요.)

TIP 옷이 타이트하다고 많이 얘기하죠? 옷을 입을 때 꽉 끼는 것뿐만 아니라 위 예문처럼 일정, 시간, 밀도 등이 빠듯(빽빽)할 때 모두 쓸 수 있어요.

172

easy
[이지]
쉬운

Don't worry. It's easy.
돈 워뤼 잇츠 이지
걱정 말아요. 그것은 쉬워요.

173

sensitive
[센서티브]
민감한

Cat's eyes are sensitive to light.
캣츠 아이즈 알 센서티브 투 라이트
고양이의 눈은 빛에 민감해요.

174

warm
[워엄]
따뜻한

It's nice and warm today.
잇츠 나이스 앤 워엄 투데이
오늘은 (날씨가) 좋고 따뜻합니다.

175

positive
[파저티브]
긍정적인

I can't be positive.
아이 캔트 비 파저티브
나는 긍정적일 수 없어요.

TIP 어떤 의견이나 사건에 동조할 수 없다는 의미입니다. positive는 긍정적이라는 뜻 외에 약물/바이러스 양성 반응을 나타낼 때도 씁니다.

176

negative
[네거티브]
부정적인

Don't be so negative.
돈 비 쏘 네거티브
너무 부정적이지 말아요.

TIP negative는 부정적이라는 뜻 외에 약물/바이러스 음성 반응을 나타낼 때도 씁니다.

177

glad
[글래드]
기쁜

I'm glad to help you.
아임 글래드 투 헬프 유

당신을 도울 수 있어서 기뻐요.

TIP to 다음 help 자리에 meet [미트] 만나다, see [씨] 보다, hear [히얼] 듣다, know [노우] 알다 등의 단어를 넣어 활용해 보세요.

178

proper
[프로펄]
적절한

We need proper
위 니드 프로펄

medical treatment.
메디컬 트리트먼트

우리는 적절한 의료 조치가 필요합니다.

179

correct
[코뤡트]
맞는

I believe you are correct.
아이 빌리브 유 아 코뤡트

나는 당신이 맞다고 믿어요.

180

lonely
[론리]
외로운

He lives alone and
히 리브스 얼론 앤

often feels lonely.
오픈 필스 론리

그는 혼자 살고 때때로 외로움을 느껴요.

영어 단어와 뜻을 선으로 연결시켜 보세요.

❶ **reasonable**　　　　ⓐ 불안해하는

❷ **positive**　　　　　ⓑ 기쁜

❸ **glad**　　　　　　　ⓒ 정기적인

❹ **negative**　　　　　ⓓ 민감한

❺ **current**　　　　　ⓔ 공정한

❻ **sensitive**　　　　ⓕ 순수한

❼ **nervous**　　　　　ⓖ 긍정적인

❽ **fair**　　　　　　　ⓗ 부정적인

❾ **pure**　　　　　　　ⓘ 합리적인

❿ **regular**　　　　　ⓙ 현재의

우리말을 보고 영어 단어를 써보세요.

⓫ 적절한　p＿ ＿ ＿ ＿ ＿　　⓰ 동일한　e＿ ＿ ＿ ＿

⓬ 맞는　c＿ ＿ ＿ ＿ ＿ ＿　　⓱ 빽빽한　t＿ ＿ ＿ ＿

⓭ 외로운　l＿ ＿ ＿ ＿ ＿　　⓲ 쉬운　e＿ ＿ ＿

⓮ 자연의　n＿ ＿ ＿ ＿ ＿ ＿　　⓳ 평평한　f＿ ＿ ＿

⓯ 보통의　n＿ ＿ ＿ ＿ ＿　　⓴ 따뜻한　w＿ ＿ ＿

정답　❶-ⓘ ❷-ⓖ ❸-ⓑ ❹-ⓗ ❺-ⓙ ❻-ⓓ ❼-ⓐ ❽-ⓔ ❾-ⓕ ❿-ⓒ
⓫ proper ⓬ correct ⓭ lonely ⓮ natural ⓯ normal ⓰ equal
⓱ tight ⓲ easy ⓳ flat ⓴ warm

형용사 200개 (181~200)

181

calm
[카암]
차분한

Stay calm. Keep calm.
스테이 　 카암 　 킵 　 카암

차분히 있으세요.

182

economic
[이커나믹]
경제의

Capitalism is the best
캐피털리즘 　 이즈 더 　 베스트

economic system.
이커나믹 　 시스템

자본주의는 최상의 경제 시스템입니다.

TIP '이커나믹'에서 '나'에 강조해서 발음해 보세요.

183

native
[네이티브]
태어난 곳의

He is a native speaker.
히 　 이즈 어 　 네이티브 　 스피커

그는 원어민입니다.

TIP 영어를 모국어로 쓰는 사람은 native English speaker [네이티브 잉글리쉬 스피커], 우리처럼 한국어를 모국어로 쓰는 사람은 native Korean speaker [네이티브 코리안 스피커]라고 합니다.

184

patient
[페이션트]
참을성 있는

Please, be patient.
플리즈　　비　　페이션트
제발 참으세요.

TIP　patient는 '참을성 있는'이라는 뜻 외에 '환자'라는 명사로도 쓰입니다. 단어의 위치나 문맥에 따라 해석을 유의해야 합니다.

185

live
[라이브]
살아있는

I saw a live bear.
아이　써　　어 라이브　베얼
나는 살아있는 곰을 봤어요.

TIP　live는 형용사로는 '라이브'라고 발음합니다. TV 라이브 쇼(생방송/생중계), 라이브 공연(실황) 등에 쓰이죠. 동사로는 '리브'라고 발음하며 '살다'라는 의미입니다.

186

fun
[펀]
재미있는

This game is really fun.
디스　　게임　이즈　뤼얼리　펀
이 게임은 정말 재미있어요.

187

quiet
[콰이어트]
조용한

Please be quiet.
플리즈　　비　　콰이어트
제발 조용히 해요.

188

honest
[어니스트]
정직한

I believe you are honest.
아이 빌리브 유 아 어니스트
나는 당신이 정직하다고 믿어요.

189

ill
[일]
아픈

I was ill yesterday.
아이 워즈 일 예스터데이
나는 어제 아팠어요.

190

total
[토를]
총

What is the total amount?
왓 이즈 더 토를 어마운트
총량이 얼마인가요?

191

smart
[스말트]
똑똑한

He is a smart teacher.
히 이즈 어 스말트 티쳐
그는 똑똑한 선생님입니다.

192

loud
[라우드]
소리가큰

The radio is too loud.
더 뤠이디오 이즈 투 라우드
라디오 소리가 너무 커요.

weird
[위얼드]
기이한

I had a weird dream.
아이 해드 어 위얼드 드림
나는 기이한 꿈을 꿨어요.

> **TIP** weird는 원어민들이 꽤 많이 사용하는 단어로 영화나 미드에서도 자주 나온답니다. '이상하다, 기이하다'라는 뜻이에요.

professional
[프로페셔널]
전문적인

He is a professional player.
히 이즈 어 프로페셔널 플레이어
그는 전문적인 선수입니다.

> **TIP** 짧게 pro [프로]라고만 말할 수도 있어요. 프로 선수, 프로 게이머 등 전문적이거나 직업으로 운동이나 무엇인가를 할 때 쓰죠.

wise
[와이즈]
지혜로운

My mother is wise.
마이 마덜 이즈 와이즈
나의 엄마는 지혜로우세요.

round
[롸운드]
둥근

The Earth is round.
디 얼스 이즈 롸운드
지구는 둥글어요.

proud
[프라우드]
자랑스러운

I am proud of you.
아이 엠 프라우드 오브 유
나는 당신이 자랑스러워요.

narrow
[내로우]
좁은

This road is too narrow for cars.
디스 로드 이즈 투 내로우 폴 카알스
이 길은 차들이 다니기에 너무 좁아요.

same
[세임]
같은

We are in the same class.
위 알 인 더 세임 클래스
우리는 같은 교실에 있어요.

> ᵀᴵᴾ same의 반대말인 different [디퍼런트] 다른도 알아두세요.

annual
[애뉴얼]
연간의

What is your annual income?
왓 이즈 유얼 애뉴얼 인컴
당신의 연간 수입이 어떻게 되나요?

> ᵀᴵᴾ annual은 년(year) 단위로 매년마다 이루어지는 것을 말합니다. 예 문처럼 연간 수입(연봉) 외에도 **annual rent** [애뉴얼 렌트] 연간 임대료 에도 쓸 수 있습니다.

영어 단어와 뜻을 선으로 연결시켜 보세요.

❶ **proud**		ⓐ 총
❷ **narrow**		ⓑ 자랑스러운
❸ **same**		ⓒ 전문적인
❹ **annual**		ⓓ 정직한
❺ **honest**		ⓔ 같은
❻ **ill**		ⓕ 기이한
❼ **total**		ⓖ 똑똑한
❽ **smart**		ⓗ 좁은
❾ **professional**		ⓘ 연간의
❿ **weird**		ⓙ 아픈

우리말을 보고 영어 단어를 써보세요.

⑪ 차분한 c＿＿＿＿

⑫ 경제의 e＿＿＿＿＿＿＿

⑬ 태어난 곳의 n＿＿＿＿＿

⑭ 참을성 있는 p＿＿＿＿＿＿

⑮ 살아있는 l＿＿＿

⑯ 재미있는 f＿＿

⑰ 조용한 q＿＿＿＿

⑱ 지혜로운 w＿＿＿

⑲ 둥근 r＿＿＿＿

⑳ 소리가 큰 l＿＿＿

정답 ❶-ⓑ ❷-ⓗ ❸-ⓔ ❹-ⓘ ❺-ⓓ ❻-ⓙ ❼-ⓐ ❽-ⓖ ❾-ⓒ ❿-ⓕ
⑪ calm ⑫ economic ⑬ native ⑭ patient ⑮ live ⑯ fun
⑰ quiet ⑱ wise ⑲ round ⑳ loud

형용사 200개 총정리

단어를 소리 내어 읽어보고 뜻을 떠올려 보세요. 뜻은 오른쪽을 확인하세요.

001 **important**	008 **new**	015 **healthy**
002 **large**	009 **useful**	016 **hungry**
003 **small**	010 **great**	017 **poor**
004 **popular**	011 **strong**	018 **rich**
005 **different**	012 **weak**	019 **free**
006 **difficult**	013 **traditional**	020 **helpful**
007 **old**	014 **happy**	

021 **hot**	028 **friendly**	035 **careful**
022 **cold**	029 **single**	036 **good**
023 **expensive**	030 **lucky**	037 **available**
024 **cheap**	031 **beautiful**	038 **tall**
025 **nice**	032 **ugly**	039 **short**
026 **global**	033 **ready**	040 **cultural**
027 **famous**	034 **typical**	

앞에서 떠올린 뜻이 맞는지 확인해 보고, 영어로 다시 떠올려 보세요.

001 중요한	008 새로운	015 건강한
002 큰	009 유용한	016 배고픈
003 작은	010 대단한	017 가난한
004 인기 있는	011 강한	018 부유한
005 다른	012 약한	019 자유로운
006 어려운	013 전통적인	020 도움이 되는
007 오래된	014 행복한	

021 뜨거운	028 친절한	035 조심하는
022 차가운	029 독신의	036 좋은
023 비싼	030 행운의	037 이용할 수 있는
024 싼	031 아름다운	038 키가 큰
025 좋은	032 못생긴	039 짧은
026 세계적인	033 준비된	040 문화의
027 유명한	034 전형적인	

041 possible	048 afraid	055 hard
042 impossible	049 similar	056 soft
043 high	050 long	057 successful
044 low	051 next	058 boring
045 simple	052 able	059 cute
046 additional	053 various	060 responsible
047 sorry	054 emotional	

061 foreign	068 big	075 serious
062 recent	069 wonderful	076 excellent
063 major	070 busy	077 sharp
064 minor	071 dangerous	078 wild
065 favorite	072 safe	079 crazy
066 historical	073 thick	080 impressive
067 financial	074 thin	

041 가능한	048 두려워하는	055 힘든
042 불가능한	049 비슷한	056 부드러운
043 높은	050 긴	057 성공적인
044 낮은	051 다음의	058 지루한
045 간단한	052 할 수 있는	059 귀여운
046 추가의	053 다양한	060 책임 있는
047 미안한	054 감정의	

061 외국의	068 큰	075 심각한
062 최근의	069 아주 멋진	076 탁월한
063 주요한	070 바쁜	077 날카로운
064 주요하지 않은	071 위험한	078 야생의
065 매우 좋아하는	072 안전한	079 미친
066 역사적인	073 두꺼운	080 인상적인
067 금융의	074 얇은	

081 fat	088 efficient	095 legal
082 slim	089 brave	096 illegal
083 practical	090 usual	097 comfortable
084 empty	091 familiar	098 sick
085 stupid	092 valuable	099 super
086 dirty	093 sweet	100 chemical
087 effective	094 funny	

101 delicious	108 dark	115 final
102 handsome	109 deep	116 fresh
103 tired	110 double	117 heavy
104 active	111 aware	118 light
105 clean	112 alone	119 entire
106 creative	113 dry	120 intelligent
107 actual	114 wet	

081 뚱뚱한	088 효율적인	095 법적인
082 날씬한	089 용감한	096 불법적인
083 현실적인	090 평상시의	097 편안한
084 빈	091 익숙한	098 아픈
085 어리석은	092 가치 있는	099 대단한
086 더러운	093 달콤한	100 화학의
087 효과적인	094 웃기는	

101 맛있는	108 어두운	115 마지막의
102 잘생긴	109 깊은	116 신선한
103 지친	110 두 배의	117 무거운
104 활동적인	111 알고 있는	118 가벼운
105 깨끗한	112 혼자	119 전체의
106 창의적인	113 건조한	120 총명한
107 실제의	114 젖은	

121 early	128 sure	135 local
122 late	129 personal	136 special
123 young	130 public	137 true
124 little	131 better	138 wrong
125 political	132 full	139 general
126 real	133 national	140 social
127 only	134 international	

141 unique	148 pretty	155 huge
142 right	149 physical	156 rare
143 private	150 main	157 fine
144 clear	151 fast	158 powerful
145 perfect	152 wide	159 quick
146 critical	153 direct	160 original
147 common	154 medical	

121 이른	128 확신하는	135 지역의
122 늦은	129 개인적인	136 특별한
123 어린	130 공공의	137 사실인
124 작은	131 더 좋은	138 틀린
125 정치적인	132 가득한	139 일반적인
126 진짜의	133 국가의	140 사회적인
127 유일한	134 국제적인	

141 유일한	148 예쁜	155 거대한
142 옳은	149 육체의	156 드문
143 사유의	150 주된	157 괜찮은
144 분명한	151 빠른	158 강력한
145 완벽한	152 넓은	159 신속한
146 비판적인	153 직접적인	160 원래의
147 흔한	154 의학의	

161 regular	168 natural	175 positive
162 pure	169 normal	176 negative
163 fair	170 equal	177 glad
164 nervous	171 tight	178 proper
165 flat	172 easy	179 correct
166 current	173 sensitive	180 lonely
167 reasonable	174 warm	

181 calm	188 honest	195 wise
182 economic	189 ill	196 round
183 native	190 total	197 proud
184 patient	191 smart	198 narrow
185 live	192 loud	199 same
186 fun	193 weird	200 annual
187 quiet	194 professional	

161 정기적인	168 자연의	175 긍정적인
162 순수한	169 보통의	176 부정적인
163 공정한	170 동일한	177 기쁜
164 불안해하는	171 빽빽한	178 적절한
165 평평한	172 쉬운	179 맞는
166 현재의	173 민감한	180 외로운
167 합리적인	174 따뜻한	

181 차분한	188 정직한	195 지혜로운
182 경제의	189 아픈	196 둥근
183 태어난 곳의	190 총	197 자랑스러운
184 참을성 있는	191 똑똑한	198 좁은
185 살아있는	192 소리가 큰	199 같은
186 재미있는	193 기이한	200 연간의
187 조용한	194 전문적인	

4장

핵심 영어 단어장 –
명사 300개

'엄마, 연필, 책, 고구마' 처럼 대상의 이름을 나타내는
단어를 '명사' 라고 합니다. 영어에서 가장 많이 쓰이는
명사를 300개 뽑았습니다. 이지 쌤 영상과 함께 공부
해 보세요.

명사 300개 (1~20)

0
0
1

day
[데이]
날

Have a nice day.
해브   어   나이스   데이
좋은 하루 보내세요.

0
0
2

night
[나잇]
밤

Good night.
굿   나잇
잘 자요.

> **TIP** 외국에서는 모르는 사람끼리도 간단히 인사를 주고받는 경우도 많습니다. 호텔에서 모르는 사람에게 저녁에 Good night. 인사를 주고 받아 보세요.

0
0
3

world
[월드]
세계

I am the best in the world.
아이 엠   더   베스트   인   더   월드
나는 세계에서 최고예요.

0
0
4

life
[라이프]
삶

Life is beautiful.
라이프 이즈   뷰리풀
인생은 아름다워요.

house
[하우스]
집

This is my house.
디스 이즈 마이 하우스
이것은 나의 집입니다.

TIP 집을 뜻하는 단어는 house와 home 두 개가 있어요. house는 건물 자체를, home은 따뜻한 가정의 의미에 더 가깝다고 생각하시면 좋아요.

company
[컴퍼니]
회사

Samsung is a Korean company.
삼성 이즈 어 코리안 컴퍼니
삼성은 한국 회사입니다.

parent
[페어런트]
부모

My parents live in Busan.
마이 페어런츠 리브 인 부산
나의 부모님은 부산에 살고 계세요.

history
[히스토리]
역사

I study history.
아이 스터디 히스토리
나는 역사를 공부합니다.

water
[워터]
물

I need some water.
아이 니드 썸 워터

나는 물이 좀 필요합니다.

TIP 한글로 [워터]라고 표기하지만, 더 멋진 영어 발음을 위해 [워럴]로 발음해 보세요.

office
[오피스]
사무실

He is in my office.
히 이즈 인 마이 오피스

그는 내 사무실에 있습니다.

body
[바디]
몸

I have a perfect body.
아이 해브 어 펄펙트 바디

나는 완벽한 몸을 가졌어요.

name
[네임]
이름

What is your name?
왓 이즈 유얼 네임

당신 이름이 뭡니까?

013

market
[말켓]
시장

Today is market day.
투데이 이즈 말켓 데이
오늘은 시장이 열리는 날이에요.

014

book
[북]
책

His book is great.
히즈 북 이즈 그뤠이트
그의 책은 최고예요.

015

door
[도얼]
문

Open the door, please.
오픈 더 도얼 플리즈
문 좀 열어 주세요.

016

line
[라인]
선

Please wait in line.
플리즈 웨잇 인 라인
줄을 서서 기다려 주세요.

TIP 줄 서는 건 wait in **line** [웨잇 인 라인], 새치기하는 것은 cut in **line** [컷 인 라인]이라고 표현합니다. 줄 안에서 기다리고, 줄을 끊어 들어간다는 의미죠. 아이**라인**, H**라인** 스커트 등에서도 line이 쓰이고, 지하철 호선도 line (Subway line 9: 9호선)으로 표현합니다.

city
[시티]
도시

I live in the city.
아이 리브 인 더 시티
나는 도시에 살아요.

base
[베이스]
기반

The chair has a heavy base.
더 체얼 해즈 어 헤비 베이스
그 의자는 무거운 기반(지지대)를 가지고 있습니다.

food
[푸드]
음식

I like Korean food.
아이 라이크 코리안 푸드
나는 한국 음식을 좋아합니다.

TIP **food truck** [푸드 트럭] 음식을 파는 이동형 트럭, **one food diet** [원 푸드 다이어트] 한가지만 먹는 다이어트 등, **food** 관련 합성어가 많아요.

benefit
[베네핏]
혜택

What's the benefit of this?
왓츠 더 베네핏 오브 디스
이것의 혜택(이득)은 무엇인가요?

TIP benefit의 형용사형은 beneficial [베네피셜] 혜택을 주는, 유익한, 이로운입니다.

영어 단어와 뜻을 선으로 연결시켜 보세요.

① **body**		ⓐ 문
② **name**		ⓑ 혜택
③ **market**		ⓒ 이름
④ **book**		ⓓ 도시
⑤ **door**		ⓔ 책
⑥ **line**		ⓕ 음식
⑦ **city**		ⓖ 몸
⑧ **base**		ⓗ 시장
⑨ **benefit**		ⓘ 선
⑩ **food**		ⓙ 기반

우리말을 보고 영어 단어를 써보세요.

⑪ 회사 c _ _ _ _ _ _

⑫ 역사 h _ _ _ _ _ _

⑬ 물 w _ _ _ _

⑭ 사무실 o _ _ _ _ _

⑮ 밤 n _ _ _ _

⑯ 날 d _ _

⑰ 세계 w _ _ _ _

⑱ 삶 l _ _ _

⑲ 집 h _ _ _ _

⑳ 부모 p _ _ _ _ _

정답 ①-ⓖ ②-ⓒ ③-ⓗ ④-ⓔ ⑤-ⓐ ⑥-ⓘ ⑦-ⓓ ⑧-ⓙ ⑨-ⓑ ⑩-ⓕ
⑪ company ⑫ history ⑬ water ⑭ office ⑮ night ⑯ day
⑰ world ⑱ life ⑲ house ⑳ parent

명사 300개 (21~40)

0 2 1

year
[이얼]
해/년

I am 35 years old.
아이 엠 써리파이브 이얼즈 올드
나는 35살이에요.

0 2 2

month
[먼스]
월/달

See you next month.
씨 유 넥스트 먼쓰
다음 달에 봐요.

0 2 3

week
[위크]
주

I was busy last week.
아이 워즈 비지 라스트 위크
나는 지난주 바빴어요.

TIP week는 '한 주'를 뜻하고, end는 '끝나다'라는 의미죠. 두 단어가 합쳐져서 weekend [위켄드] 한 주의 끝, 주말이라는 단어가 됐어요.

0 2 4

weekend
[위켄드]
주말

Have a nice weekend!
해브 어 나이스 위켄드
좋은 주말 보내세요!

health

[헬쓰]

건강

Health is wealth.

헬쓰 이즈 웰쓰

건강이 재산입니다.

TIP 보통 ea는 '이~'하고 e 장모음의 긴 소리가 납니다. year [이~얼] 해/년, tea [티~] (마시는) 차 같이요. 하지만 때론 '에' 발음이 나는데, 대표적으로 health [헬스] 건강, head [헤드] 머리, bread [브레드] 빵이 있습니다.

exercise

[엑썰싸이즈]

운동

Exercise is good for your health.

엑썰싸이즈 이즈 굿 폴 유얼 헬쓰

운동은 당신의 건강에 좋습니다.

moment

[모먼트]

잠깐

Please, wait a moment.

플리즈 웨이러 모먼트

잠시 기다려 주세요.

delivery

[딜리버뤼]

배달

Delivery is free of charge.

딜리버뤼 이즈 프리 오브 찰지

배달은 무료입니다.

TIP free of charge는 '비용에서 자유롭다' 즉 무료라는 의미입니다.

029
business
[비즈니스]
사업

I am here on business.
아이 엠 히얼 온 비즈니스
저는 사업차 이곳에 왔습니다.

030
idea
[아이디어]
발상

That is a great idea.
댓 이즈 어 그뤠이트 아이디어
그건 정말 좋은 아이디어이군요.

031
price
[프라이쓰]
가격

The price is too high.
더 프라이쓰 이즈 투 하이
그 가격은 너무 비싸요.

TIP '매우, 너무'라는 의미의 단어는 too, so, very, really 등이 있습니다. 위 표현에 discount please [디스카운트 플리즈]를 붙여 '가격이 너무 비싸니 깎아 주세요' 라고 말할 수 있어요. 여행에서 쇼핑할 때 자주 쓰이겠죠?

032
cost
[코스트]
비용

The cost of living is high.
더 코스트 오브 리빙 이즈 하이
생활비가 비싸요.

time
[타임]
시간

What time is it?
왓 타임 이즈 잇
몇 시인가요?

watch
[와치]
시계

I have a new watch.
아이 해브 어 뉴 와치
나는 새 시계가 있어요.

news
[뉴스]
뉴스

No news is good news.
노 뉴스 이즈 굿 뉴스
무소식이 희소식이다.

TIP 우리나라에서 쓰듯이 '뉴스'라고 발음해도 무방하지만, 영어 뉴스를
보면 원어민들은 '누스'라고 합니다.

report
[뤼폴트]
보도

Are these reports true?
알 디즈 뤼폴츠 트루
이 보도들이 사실입니까?

TIP 대학교나 회사에서 제출하는 보고서도 report라고 합니다. 한글로
'레포트'라고 표현하죠. 하지만 발음은 [뤼폴트]로 해 주세요.

man
[맨]
남자

I am a patient man.
아이 엠 어 페이션트 맨
나는 참을성 있는 남자입니다.

woman
[워먼]
여자

She is a lovely woman.
쉬 이즈어 러블리 워먼
그녀는 사랑스러운 여자예요.

boy
[보이]
소년

Boys, be ambitious.
보이즈 비 앰비셔스
소년들이여, 야망을 가져라.

girl
[걸]
소녀

The girl smiled at me.
더 걸 스마일드 앳 미
그 소녀는 내게 미소 지었어요.

TIP a와 the의 차이는 늘 헷갈리실 거예요. 간단히 설명하면 a는 여러 개 중에 하나, the는 유일하거나 이미 대화 중 언급한 것으로 기억해 주세요. A girl smiled at me.는 여러 사람 중 어떤 소녀가 미소 지 었다는 것이고, The girl smiled at me.는 앞 문장에서 어떤 소녀 를 설명한 후 다시 언급하며 '그 소녀'가 미소 지었다는 의미입니다.

QUIZ

영어 단어와 뜻을 선으로 연결시켜 보세요.

① **delivery**		ⓐ 뉴스	
② **cost**		ⓑ 시계	
③ **time**		ⓒ 남자	
④ **woman**		ⓓ 배달	
⑤ **news**		ⓔ 보도	
⑥ **boy**		ⓕ 비용	
⑦ **report**		ⓖ 여자	
⑧ **girl**		ⓗ 시간	
⑨ **man**		ⓘ 소년	
⑩ **watch**		ⓙ 소녀	

우리말을 보고 영어 단어를 써보세요.

⑪ 해/년　y＿ ＿ ＿

⑯ 운동　e＿ ＿ ＿ ＿ ＿ ＿ ＿

⑫ 월/달　m＿ ＿ ＿ ＿

⑰ 가격　p＿ ＿ ＿ ＿

⑬ 주　w＿ ＿ ＿

⑱ 잠깐　m＿ ＿ ＿ ＿ ＿

⑭ 주말　w＿ ＿ ＿ ＿ ＿ ＿

⑲ 사업　b＿ ＿ ＿ ＿ ＿ ＿ ＿

⑮ 건강　h＿ ＿ ＿ ＿ ＿

⑳ 발상　i＿ ＿ ＿

정답　 ①-ⓓ ②-ⓕ ③-ⓗ ④-ⓖ ⑤-ⓐ ⑥-ⓘ ⑦-ⓔ ⑧-ⓙ ⑨-ⓒ ⑩-ⓑ
⑪ year ⑫ month ⑬ week ⑭ weekend ⑮ health ⑯ exercise
⑰ price ⑱ moment ⑲ business ⑳ idea

명사 300개 (41~60)

0 4 1

staff
[스탭]
직원

He is on the medical staff.
히 이즈 온 더 메디컬 스탭

그는 우리의 의료 직원입니다.

TIP 가게에서 staff only라는 푯말을 보신 적 있나요? staff only는 직원만 오직 (관계자 외 출입 금지) 라는 뜻입니다.

0 4 2

manager
[매니져]
관리자

Are you the manager?
알 유 더 매니져

당신이 관리자입니까?

0 4 3

trade
[트뤠이드]
거래

We do a lot of trade with the USA.
위 두 어 랏 오브 트뤠이드 위쓰 더 유에스에이

우리는 미국과 많은 거래를 합니다.

0 4 4

team
[팀]
팀

We are the best team.
위 알 더 베스트 팀

우리는 최고의 팀입니다.

country
[컨츄리]
나라

Korea is a dynamic country.
코리아 이즈 어 다이내믹 컨츄리

한국은 역동적인 나라입니다.

town
[타운]
소도시

I live in a small town.
아이 리브 인 어 스몰 타운

나는 소도시에 삽니다.

TIP 보통 조금 작은 도시를 town이라고 하고 서울같은 대도시는 city [씨티]라고 합니다.

home
[홈]
가정

Come back home.
컴 백 홈

집으로 돌아오세요.

TIP home과 town이 합쳐지면 hometown [홈타운] 고향이란 뜻이 됩니다.

police
[폴리쓰]
경찰

Please call the police.
플리즈 콜 더 폴리쓰

제발 경찰 좀 불러 주세요.

head
[헤드]
머리

Watch your head.
와치　유얼　헤드
머리 조심하세요.

TIP 여기서 watch는 '보다'가 아니라 '조심하다, 유의하다'라는 의미로 쓰였어요.

face
[페이스]
얼굴

I know your face.
아이　노우　유얼　페이스
나는 당신의 얼굴을 알아요.

TIP c는 보통 'ㅋ'와 'ㅆ'로 발음합니다. c 뒤에 i, e, y 중 하나가 오면 'ㅆ' 발음이 됩니다. 그래서 face는 [페이스]로 읽어요.

hand
[핸드]
손

Are your hands clean?
알　유얼　핸즈　클린
당신의 손은 깨끗한가요?

foot
[풋]
발

I can go there on foot.
아이　캔　고　데얼　온　풋
나는 그곳에 걸어서 갈 수 있어요.

problem
[프라블럼]
문제

What is the problem?
왓 이즈 더 프라블럼

문제가 뭔가요?

law
[러]
법

You are breaking the law.
유 알 브뤠이킹 더 러

당신은 법을 어기고 있어요.

TIP aw는 '어' 발음이 납니다. 그래서 law는 로우가 아니고 '러'가 됩니다.

society
[쏘싸이어티]
사회

We live in a sick society.
위 리브 인 어 씩 쏘싸이어티

우리는 병든 사회에 살고 있습니다.

control
[컨트롤]
통제

We are in control.
위 알 인 컨트롤

우리는 통제 하에 있습니다.

TIP '우리는 통제 안에 있다' 즉 '우리는 통제 당하고 있다'는 뜻이죠.

057

family
[패밀리]
가족

The basic unit of society is
더　베이직　유닛　오브　쏘싸이어티　이즈

the family.
더　패밀리

사회의 기본적인 요소는 가족입니다.

058

daughter
[도러]
딸

We have two daughters.
위　해브　투　도럴스

우리는 두 명의 딸이 있습니다.

TIP 아들은 son [선]이라고 표현합니다.

059

relationship
[릴레이션쉽]
관계

I have a very close relationship
아이　해브　어　베뤼　클로즈　릴레이션쉽

with my parents.
위쓰　마이　페어런츠

나는 부모님과 매우 친밀한 관계를 가지고 있어요.

060

solution
[솔루션]
해결책

Do you have a better solution?
두　유　해브　어　베러　솔루션

당신은 더 좋은 해결책을 가지고 있습니까?

영어 단어와 뜻을 선으로 연결시켜 보세요.

❶ **home**		ⓐ 관리자
❷ **relationship**		ⓑ 나라
❸ **staff**		ⓒ 경찰
❹ **town**		ⓓ 직원
❺ **solution**		ⓔ 머리
❻ **country**		ⓕ 해결책
❼ **head**		ⓖ 관계
❽ **police**		ⓗ 가정
❾ **face**		ⓘ 얼굴
❿ **manager**		ⓙ 소도시

우리말을 보고 영어 단어를 써보세요.

⑪ 손 h _ _ _

⑫ 발 f _ _ _

⑬ 문제 p _ _ _ _ _ _

⑭ 법 l _ _

⑮ 사회 s _ _ _ _ _ _

⑯ 통제 c _ _ _ _ _ _

⑰ 가족 f _ _ _ _ _

⑱ 거래 t _ _ _ _

⑲ 팀 t _ _ _

⑳ 딸 d _ _ _ _ _ _ _

정답 ❶-ⓗ ❷-ⓖ ❸-ⓓ ❹-ⓙ ❺-ⓕ ❻-ⓑ ❼-ⓔ ❽-ⓒ ❾-ⓘ ❿-ⓐ
⑪ hand ⑫ foot ⑬ problem ⑭ law ⑮ society ⑯ control
⑰ family ⑱ trade ⑲ team ⑳ daughter

명사 300개 (61~80)

061

passport
[패스폴트]
여권

May I see your passport?
메이 아이 씨 유얼 패스폴트
여권 좀 볼 수 있을까요?

062

check-in
[체크인]
탑승수속

Where is the check-in counter?
웨얼 이즈 더 체크인 카운터
탑승수속 카운터가 어디 있나요?

063

baggage
[배기쥐]
수하물

My baggage is not here.
마이 배기쥐 이즈 낫 히얼
제 수하물이 여기 없어요.

ᵀᴵᴾ 목적지에 도착 후 수하물을 찾는 곳은 **baggage** claim [배기쥐 클레임] 입니다. 입국 수속을 마치고 baggage claim을 찾아가세요.

064

boarding pass
[볼딩 패스]
탑승권

May I see your boarding pass, please?
메이아이 씨 유얼 볼딩 패스 플리즈
탑승권 좀 보여 주시겠어요?

065

window seat
[윈도우 시트]
창가석

Would you like a window
우 쥬 라이크 어 윈도우
seat or an aisle seat?
싯 오얼 언 아일 싯
창가석 혹은 통로석 어디가 좋으세요?

066

aisle seat
[아일 시트]
통로석

I would like an aisle seat.
아이 우드 라이크 언 아일 싯
저는 통로석으로 할게요.

TIP 평소에 잘 쓰지 않는 단어 aisle은 [아일]이라고 읽습니다. '통로'라는 뜻으로 [아이슬]이라고 읽으면 안됩니다.

067

gate
[게이트]
탑승구

Where is gate 6?
웨얼 이즈 게이트 씩스
6번 게이트가 어디 있나요?

068

departure
[디파알쳐]
출발

Check in 2 hours before departure.
체크 인 투 아월스 비폴 디파알쳐
출발 두 시간 전에 탑승수속 하세요.

arrival
[어롸이벌]
도착

What is the arrival time?
왓 이즈 더 아롸이벌 타임
도착 시간이 언제죠?

airline
[에얼라인]
항공사

He is an airline pilot.
히 이즈 언 에얼라인 파일럿
그는 항공 조종사예요.

TIP 인천공항에서 출발하실 때 airline 별로 터미널이 다릅니다. 예를 들어 대한항공은 2터미널, 아시아나 항공은 1터미널에서 출발하니 출발 전에 꼭 확인하세요!

airport
[에어폴트]
공항

The airport, please.
디 에어폴트 프리즈
공항으로 가주세요.

liquid
[리퀴드]
액체

Do you have any liquids?
두 유 해브 애니 리퀴드
액체를 가지고 있습니까?

TIP 비행기를 탈 때 100ml가 넘는 액체류는 반입 금지입니다. 그래서 탑승 수속할 때 위 표현을 물어 봅니다.

073

duty free
[듀티 프리]
면세품

Is this duty free?
이즈 디스 듀티 프리
이것은 면세품입니까?

TIP duty는 의무(세금, 국방)를 나타냅니다.

074

terminal
[털미널]
터미널

You can find Korean Air
유 캔 파인드 코리안 에얼
at terminal 2.
앳 털미널 투
제2터미널에서 대한항공을 찾을 수 있습니다.

075

flight
[플라이트]
비행

How was your flight?
하우 워즈 유얼 플라이트
비행 어떠셨어요?

076

status
[스테이터스]
상황

status: on time, delayed,
스테이터스 온 타임 딜레이드
gate open, boarding
게이트 오픈 볼딩
상황: 정시 출발, 지연, 탑승구 개방, 탑승중

economy
[이코노미]
경제

I would like to sit in economy class.
아이 우드 라이크 투 싯 인 이코노미 클래쓰

저는 이코노미 석을 탈게요.

이코노미는 '경제'라는 뜻도 있지만, '절약/아끼기'란 뜻도 있습니다. 그래서 economy class라고 하면 비행기에서 일반적인 좌석을 의미합니다. 한 등급 높은 자리는 business class [비즈니스 클래스], 가장 높은 등급은 first class [퍼스트 클래스]입니다.

class
[클래쓰]
등급

How much is economy class?
하우 머치 이즈 이코노미 클래쓰

이코노미 클래스가 얼마죠?

customs
[커스텀스]
세관

Nothing to declare.
낫씽 투 디클레얼

신고할 것이 없습니다.

stopover
[스탑오벌]
단기 체류

I have a stopover in Singapore.
아이 해브 어 스탑오벌 인 싱가폴

나는 싱가포르에 단기 체류합니다.

영어 단어와 뜻을 선으로 연결시켜 보세요.

❶ **passport**		ⓐ 탑승권
❷ **aisle seat**		ⓑ 수하물
❸ **departure**		ⓒ 탑승수속
❹ **boarding pass**		ⓓ 도착
❺ **baggage**		ⓔ 창가석
❻ **arrival**		ⓕ 출발
❼ **airline**		ⓖ 여권
❽ **window seat**		ⓗ 통로석
❾ **check-in**		ⓘ 단기 체류
❿ **stopover**		ⓙ 항공사

우리말을 보고 영어 단어를 써보세요.

⑪ 공항 a _ _ _ _ _ _	⑯ 상황 s _ _ _ _ _
⑫ 액체 l _ _ _ _ _	⑰ 경제 e _ _ _ _ _ _
⑬ 면세품 d _ _ _ _ f _ _ _ _	⑱ 등급 c _ _ _ _
⑭ 터미널 t _ _ _ _ _ _ _	⑲ 세관 c _ _ _ _ _ _
⑮ 비행 f _ _ _ _ _	⑳ 탑승구 g _ _ _

정답 ❶-ⓖ ❷-ⓗ ❸-ⓕ ❹-ⓐ ❺-ⓑ ❻-ⓓ ❼-ⓙ ❽-ⓔ ❾-ⓒ ❿-ⓘ
⑪ airport ⑫ liquid ⑬ duty free ⑭ terminal ⑮ flight ⑯ status
⑰ economy ⑱ class ⑲ customs ⑳ gate

명사 300개 (81~100)

081

weather
[웨덜]
날씨

How is the weather today?
하우 　이즈 더 　　웨덜 　　투데이

오늘 날씨는 어떤가요?

082

newspaper
[뉴스페이펄]
신문

This newspaper is free.
디스 　　　뉴스페이펄 　　이즈 프리

이 신문은 무료입니다.

083

café
[카페]
카페

Where is the café?
웨얼 　이즈 어 　카페

카페가 어디 있나요?

084

Americano
[아메리카노]
블랙커피

Can I get a tall iced Americano?
캔 아이 켓 어 톨 　아이스 　　아메리카노

톨 사이즈 아이스 아메리카노 주시겠어요?

TIP 우리가 흔히 먹는 아메리카노는 유럽사람들이 미국인들을 놀리던 말이었어요. 제2차 세계 대전에 참전한 미군들이 에스프레소가 너무 써서 따뜻한 물을 타 먹는다며 놀리던 단어가 아메리카노입니다.

age
[에이지]
나이

You are about my age.
유 알 어바웃 마이 에이지
당신은 제 나이 또래 같아요.

child(ren)
[찰드/칠드뤈]
어린이

You are a child.
유 알 어 찰드
너는 어린이야.

TIP '아이'라는 뜻의 child는 [차일드]라고 읽고, 아이들(복수형)을 뜻하는 children은 [칠드런]이라고 읽습니다. 각각 i의 발음이 '아이'와 '이'로 다릅니다.

kid(s)
[키즈]
아이

I love my kids.
아이 ·러브 마이 키즈
나는 내 아이들을 사랑해요.

TIP 키즈카페에서 키즈가 이 kids죠.

title
[타이틀(를)]
제목

What is the title of this book?
왓 이즈 더 타이틀(를) 오브 디스 북
이 책의 제목은 무엇입니까?

system
[시스틈]
체계

The transportation system
더 　　　트랜스폴테이션　　 시스틈
in Seoul is the world's best.
인　 서울　 이즈　 더　　 월즈　　 베스트

서울에 교통 체계는 세계 최고입니다.

TIP 시스템은 [시스틈]으로 발음합니다. 더불어 '체계'나 '제도'라는 뜻으로 쓰여서 의료 **시스템**, 정치 **시스템**, 교통 **시스템**, 교육 **시스템** 등으로 활용할 수 있습니다. 이미 우리말로 고착화되어 쓰이고 있죠.

level
[레벨]
수준

I took a level test.
아이 툭 어 레벨 테스트

나는 레벨 테스트를 받았어요.

sound
[싸운드]
소리

Can you turn the sound down?
캔 유 턴 더 사운드 다운

소리를 낮춰 줄래요?

shop
[샵]
상점

I work in a flower shop.
아이 월크 인 어 플라월 샵

나는 꽃가게에서 일을 합니다.

risk
[뤼스크]
위험

There is a risk.
데얼　이즈 어 뤼스크

위험이 있습니다. (위험해요.)

energy
[에널지]
에너지

I have no energy today.
아이　해브　　노　　에널지　　투데이

나는 오늘 에너지가 없어요.

TIP 직역하면 '나는 에너지를 가지고 있지 않아요'입니다. 우리나라에서는 '에너지가 없어요'라고 말하지만 미국에서는 have를 써서 에너지를 '가지고 있다'라고 표현합니다.

issue
[이슈]
쟁점

Price is not an issue.
프라이쓰 이즈 낫 언　이슈

가격은 쟁점이 아닙니다.

art
[알트]
예술

I want to go to an art museum.
아이　원　투 고 투 언 알트　뮤지엄

나는 미술관에 가고 싶어요.

TIP art는 '예술(행위)'이라는 의미도 있고 '미술, 미술품'이라는 의미도 있습니다.

type
[타입]
유형

You are not my type.
유 알 낫 마이 타입
당신은 내 유형(스타일)이 아니에요.

TIP 타입은 여러 가지 것들을 분류해 놓은 것입니다. 예를 들면 blood type은 피를 각 혈액별로 분류해 놓은 것, 즉 혈액형을 말합니다.

performance
[펄포먼스]
공연

His performance was great.
히즈 펄포먼스 워즈 그웨이트
그의 공연은 굉장했어요.

model
[마를]
모델

My dad is a good role model.
마이 대드 이즈어 굿 롤 마를
나의 아버지는 좋은 롤모델입니다.

TIP '모델'로 발음하지 마세요. [마를]이라고 해야 알아들어요.

technology
[테크놀러지]
기술

Technology is changing
테크놀러지 이즈 체인징
the world.
더 월드
기술은 세계를 바꿉니다.

QUIZ

영어 단어와 뜻을 선으로 연결시켜 보세요.

① **Americano**   ⓐ 어린이

② **weather**   ⓑ 신문

③ **child**   ⓒ 체계

④ **café**   ⓓ 블랙커피

⑤ **age**   ⓔ 기술

⑥ **system**   ⓕ 수준

⑦ **performance**   ⓖ 카페

⑧ **level**   ⓗ 나이

⑨ **newspaper**   ⓘ 공연

⑩ **technology**   ⓙ 날씨

우리말을 보고 영어 단어를 써보세요.

⑪ 소리 s _ _ _ _ _   ⑯ 예술 a _ _

⑫ 상점 s _ _ _   ⑰ 유형 t _ _ _

⑬ 위험 r _ _ _   ⑱ 모델 m _ _ _ _

⑭ 에너지 e _ _ _ _ _   ⑲ 제목 t _ _ _ _

⑮ 쟁점 i _ _ _ _   ⑳ 아이 k _ _

정답 ❶-ⓓ ❷-ⓙ ❸-ⓐ ❹-ⓖ ❺-ⓗ ❻-ⓒ ❼-ⓘ ❽-ⓕ ❾-ⓑ ❿-ⓔ
⑪ sound ⑫ shop ⑬ risk ⑭ energy ⑮ issue ⑯ art ⑰ type
⑱ model ⑲ title ⑳ kid

명사 300개 (101~120)

101

lavatory
[래버터리]
화장실

Is the lavatory vacant?
이즈 더 래버터리 베이컨트

화장실이 비어있나요?

> **TIP** 화장실의 경우 비어있을 때는 vacant [베이켄트], 누군가 사용 중일 때는 occupied [아큐파이드]라고 표시됩니다. 여행 중에 자주 볼수있어요.

102

flush
[플러쉬]
물내림

Push the flush button.
푸시 더 플러쉬 버튼

물내림 버튼을 눌러 주세요.

103

seatbelt
[싯벨트]
안전벨트

Please fasten your seatbelt.
플리즈 패슨 유얼 싯벨트

안전벨트를 매 주시기 바랍니다.

104

crew
[크루]
승무원

Cabin crew, stand by.
캐빈 크루 스탠 바이

승무원분들, 대기하세요.

blanket
[블랭킷]
담요

Can I get an extra blanket?
캔 아이 겟 언 엑스트라 블랭킷

추가 담요를 얻을 수 있을까요?

TIP Can I get~은 비행기나 호텔에서 필요한 것을 요청할 때 매우 유용
하게 쓸 수 있는 표현입니다. 뒤에 some water [썸 워터] 물, some
coffee [썸 커피], a towel [어타월] 수건 등을 넣어서 활용해 보세요.

earplug
[이얼플러그]
귀마개

Do you have earplugs?
두 유 해브 이얼플러그스

귀마개 있나요?

eye mask
[아이 매스크]
안대

Can I get an eye mask?
캔 아이 겟 언 아이 매스크

안대를 얻을 수 있을까요?

beef
[비프]
소고기

Would you like beef or pork?
우 쥬 라이크 비프 오얼 폴크

소고기 드시겠어요, 돼지고기 드시겠어요?

pork
[폴크]
돼지고기

Pork, please.
폴크 플리즈
돼지고기로 주세요.

drink
[드링크]
음료

Can I get a drink, please?
캔 아이 겟 어 드링크 플리즈
음료 좀 마실 수 있을까요?

rice
[라이쓰]
밥

We have chicken with rice
위 해브 치킨 위쓰 라이쓰
and beef with noodles.
앤 비프 위쓰 누들스
치킨 덮밥과 소고기 볶음국수가 있습니다.

noodle
[누들]
면

Beef with noodles, please.
비프 위쓰 누들스 플리즈
소고기 볶음국수 주세요.

TIP noodle은 '면'입니다. 하지만 보통 면 음식을 표현할 때는 noodles 로 복수형으로 표현해 줍니다. 밥은 rice, 면은 noodles로 표현하 는 점 알아두세요.

seat
[시트]
좌석

I think this is my seat.
아이 씽크 디스 이즈 마이 시트
여기 제 자리 같은데요.

TIP 발음이 비슷한 sit는 '앉다'라는 동사입니다. seat는 앉는 자리인 '좌석'을 나타내니 혼동하지 마세요. sit은 짧게, seat은 길게 발음해요.

local time
[로컬 타임]
현지 시간

The local time is 7:30.
더 로컬 타임 이즈 세븐 써리
현지 시각은 7시 30분입니다.

emergency
[이멀전씨]
비상

Do not open the emergency exit.
두 낫 오픈 디 이멀전씨 엑씻
비상문을 열지 마십시오.

turbulence
[털뷸런쓰]
난기류

There is turbulence.
데얼 이즈 털뷸런쓰
난기류가 발생합니다.

TIP 비행기를 타면 난기류를 만나 심하게 흔들릴 때가 있어요. 이때 기내 방송에서 위 예문이 나옵니다. 이때는 움직이지 말고 안전벨트를 매고 자리에 앉아 있으세요.

117

device
[디바이쓰]
장치

Turn off all electronic devices.
턴　오프　올　일렉트로닉　디바이쓰

모든 전자 기기를 꺼주십시오.

118

entry card
[엔트리 카알드]
입국 신고서

Can I have one more
캔　아이　해브　원　모얼

entry card?
엔트리　카알드

입국 신고서 한 장 더 주시겠어요?

TIP 입국 신고서는 entry card 혹은 arrival card라고 합니다. 입국 관련 서류 작성법은 256페이지에서 자세히 설명할게요.

119

declaration
[데클러뢰이션]
신고서

customs declaration (form)
커스텀스　　데클러뢰이션　　포옴

세관신고서

120

pen
[펜]
펜

Do you have a pen?
두　유　해브　어　펜

펜 있으세요?

영어 단어와 뜻을 선으로 연결시켜 보세요.

❶ declaration   ⓐ 안전벨트

❷ local time   ⓑ 화장실

❸ turbulence   ⓒ 소고기

❹ beef   ⓓ 난기류

❺ eye mask   ⓔ 비상

❻ emergency   ⓕ 현지 시간

❼ earplug   ⓖ 입국 신고서

❽ seatbelt   ⓗ 안대

❾ entry card   ⓘ 신고서

❿ lavatory   ⓙ 귀마개

우리말을 보고 영어 단어를 써보세요.

⑪ 돼지고기 p _ _ _   ⑯ 음료 d _ _ _ _

⑫ 담요 b _ _ _ _ _ _   ⑰ 승무원 c _ _ _

⑬ 밥 r _ _ _   ⑱ 장치 d _ _ _ _ _

⑭ 면 n _ _ _ _ _   ⑲ 물내림 f _ _ _ _

⑮ 좌석 s _ _ _   ⑳ 펜 p _ _

정답 ❶-ⓘ ❷-ⓕ ❸-ⓓ ❹-ⓒ ❺-ⓗ ❻-ⓔ ❼-ⓙ ❽-ⓐ ❾-ⓖ ❿-ⓑ

⑪ pork ⑫ blanket ⑬ rice ⑭ noodle ⑮ seat ⑯ drink ⑰ crew ⑱ device ⑲ flush ⑳ pen

명사 300개 (121~140)

121 **language**
[랭귀지]
언어

English is a global language.
잉글리쉬 이즈 어 글로벌 랭귀지
영어는 국제 언어입니다.

TIP language는 언어이기도 하지만, 사람과 사람이 의사소통할 수 있는 수단을 뜻하기도 합니다. 그 예로 body language [바디 랭귀지] 몸짓으로 의미 전달하기가 있습니다.

122 **sense**
[센스]
감각

I have no sense of humor.
아이 해브 노 센스 오브 휴멀
나는 유머 감각이 없어요.

123 **mind**
[마인드]
마음

Don't change your mind.
돈 췌인지 유얼 마인드
당신 마음을 바꾸지 마세요.

124 **damage**
[데미지]
피해

There was no damage.
데얼 워즈 노 데미지
거기에 피해는 없었어요.

125

death
[데쓰]
죽음

Death is everyone's fate.
데쓰 이즈 에브리원스 페이트
죽음은 모두의 운명입니다.

TIP 죽음의 반대는 birth [벌쓰] 탄생입니다.

126

century
[센츄리]
세기

It was built in the 6th century.
잇 워즈 빌트 인 더 씩쓰스 센츄리
이것은 6세기에 세워졌습니다.

127

air
[에얼]
공기

I need some fresh air.
아이 니드 썸 프뤠시 에얼
나는 신선한 공기가 좀 필요해요.

128

role
[롤]
역할

My father is my role model.
마이 파덜 이즈 마이 롤 마를
나의 아버지는 나의 롤모델입니다.

TIP role model은 본받을 만한 모범이 되는 대상입니다. 신인 개그맨에게 롤모델은 유재석, 강호동 씨가 될 수 있으며, 가정에서 자녀의 롤모델은 부모가 될 수 있겠죠?

129

reason
[뤼즌]
이유

Give me another reason.
기브 미 어나덜 뤼즌

내게 다른 이유를 대봐요.

130

nature
[네이쳐]
자연

Nature is full of mystery.
네이쳐 이즈 풀 오브 미스터리

자연은 신비로 가득합니다.

TIP nature은 화장품 브랜드나 카페 이름에 자주 쓰여요. '자연'이 편안한 느낌을 주니까요. 대표적으로 **Nature** Republic이 있는데, 직역하면 '자연주의 공화국' 정도가 되겠네요.

131

experience
[익스피뤼언쓰]
경험

Experience is better
익스피뤼언쓰 이즈 베럴

than learning.
댄 러얼닝

경험은 학습보다 더 낫습니다.

132

friend
[프렌드]
친구

A good book is a great friend.
어 굿 북 이즈어 그뤠이트 프렌드

좋은 책은 최고의 친구입니다.

133

voice
[보이쓰]
목소리

His voice is nice.
히즈 보이쓰 이즈 나이스
그의 목소리는 좋습니다.

134

light
[라이트]
빛

The sun gives us light and heat.
더 썬 기브스 어스 라이트 앤 히트
태양은 우리에게 빛과 열을 줍니다.

135

value
[밸류]
가치

Don't think of the cost.
돈 씽크 오브 더 코스트
Think of the value.
씽크 오브 더 밸류
가격을 생각하지 마세요. 가치를 생각하세요.

TIP value는 많은 단어로 파생됩니다. valuable [밸류어블] 가치 있는, valuation [밸류에이션] 가치 평가, valueless [밸류레스] 가치 없는 devalue [디밸류] 평가 절하하다 등 무궁무진해요.

136

practice
[프랙티쓰]
연습

Practice makes perfect.
프랙티쓰 메익스 펄펙트
연습은 완벽을 만든다.

hospital
[하스피틀]
병원

Where is the hospital?
웨얼　이즈 더　　하스피틀
병원은 어디에 있나요?

Where is OOO?은 자주 쓰이는 표현입니다. 장소 뿐만 아니라 사람, 동물이 어디 있는지 물을 때도 쓰여요.

president
[프레지던트]
대통령

Mr. President, what's the plan?
미스터 프레지던트　　왓츠　더　플랜
대통령님, 계획이 무엇입니까?

oil
[오일]
기름

Low oil prices could damage
로우　오일 프라이씨스　쿠드　　데미지
the U.S. economy.
더　유에스　이코노미
싼 기름 가격은 미국 경제에 타격을 줄 수 있습니다.

pattern
[패턴(런)]
패턴, 무늬

Change a child's sleeping pattern.
췌인지　어 찰드스　슬리핑　패턴(런)
어린이의 수면 패턴을 바꾸세요.

'패턴' 외에 '무늬'라는 의미도 있어요. 반복되는 것을 의미하죠.

영어 단어와 뜻을 선으로 연결시켜 보세요.

❶ **experience**		ⓐ 빛	
❷ **friend**		ⓑ 병원	
❸ **voice**		ⓒ 경험	
❹ **light**		ⓓ 연습	
❺ **value**		ⓔ 대통령	
❻ **practice**		ⓕ 패턴, 무늬	
❼ **hospital**		ⓖ 기름	
❽ **president**		ⓗ 친구	
❾ **oil**		ⓘ 가치	
❿ **pattern**		ⓙ 목소리	

우리말을 보고 영어 단어를 써보세요.

⑪ 언어 l _ _ _ _ _ _ _

⑫ 감각 s _ _ _ _ _

⑬ 마음 m _ _ _ _

⑭ 피해 d _ _ _ _ _

⑮ 죽음 d _ _ _ _

⑯ 세기 c _ _ _ _ _ _

⑰ 공기 a _ _

⑱ 역할 r _ _ _

⑲ 이유 r _ _ _ _ _

⑳ 자연 n _ _ _ _ _

정답 ❶-ⓒ ❷-ⓗ ❸-ⓙ ❹-ⓐ ❺-ⓘ ❻-ⓓ ❼-ⓑ ❽-ⓔ ❾-ⓖ ❿-ⓕ
⑪ language ⑫ sense ⑬ mind ⑭ damage ⑮ death ⑯ century
⑰ air ⑱ role ⑲ reason ⑳ nature

명사 300개 (141~160)

1
4
1

first name

[펄스트 네임]

이름

What is your first name?
왓 이즈 유얼 펄스트   네임
이름이 무엇인가요?

^{TIP} 외국에서는 이름과 성의 순서가 우리나라와 반대입니다. first name은 '이름'을, last name은 '성'을 의미해요.

1
4
2

last name

[라스트 네임]

성

My last name is Lee.
마이 라스트   네임 이즈 리
제 성은 Lee입니다.

1
4
3

family name

[패밀리 네임]

성

What is your family name?
왓 이즈 유얼   패밀리   네임
성이 무엇인가요?

1
4
4

full name

[풀 네임]

성+이름

May I have your full name?
메이 아이 해브   유얼   풀   네임
당신의 성과 이름(전체 이름)이 무엇인가요?

gender [젠더] **성별**	**M** (male) / **F** (female) 메일 피메일 남성 / 여성 **M** (man) / **W** (woman) 맨 워먼 남성 / 여성

1 4 5

1 4 6

male [메일] **남성**	**= man** 맨 남성

1 4 7

female [피메일] **여성**	**= woman** 워먼 여성

1 4 8

date of birth [데이트 오브 벌쓰] **출생일**	**Date** / **Month** / **Year** 데이트 먼쓰 이얼 출생일 (일 / 월 / 년)

TIP 날짜를 쓰는 기준은 나라마다 조금씩 다릅니다. 한국은 년/월/일 순서로 쓰지만, 미국은 월/일/년, 영국 포함 유럽국가 일/월/년입니다. 서류를 작성할 때 순서를 잘 확인하세요.

149

address
[어드뤠스]
주소

home address, address abroad
홈   어드뤠스   어드뤠스   어브로드
집 주소, 해외 주소

150

hotel
[호텔]
호텔

OO hotel, Bangkok, Thailand
OO   호텔   뱅컥   타일랜드
OO 호텔, 방콕, 태국

TIP 호텔명, 도시 이름, 나라 이름 순서로 주소를 작성하세요.

151

occupation
[아큐페이션]
직업

What is your occupation?
왓   이즈   유얼   아큐페이션
당신 직업이 무엇입니까?

TIP 평소에는 job이라는 쉬운 단어로 직업을 표현합니다. 다만, 공식 서류에는 job 대신에 occupation을 씁니다.

152

office worker
[오피스 월커]
회사원

I am an office worker.
아이 엠   언   오피스   월커
나는 회사원입니다.

153

housewife
[하우스와이프]
주부

I am an ordinary housewife.
아이 엠   언   올디네리   하우스와이프
저는 평범한 주부입니다.

154

businessman
[비즈니스맨]
사업가

He is a famous businessman.
히 이즈 어   페이머스   비즈니스맨
그는 유명한 사업가입니다.

TIP   businessman은 일반적으로 '회사원'으로 알고있는데요. 그 의미 보다는 경영인이나 사업가의 뜻이 강합니다. 일반적인 사무직 근로자는 office worker가 더 적합해요.

155

student
[스튜던트]
학생

She is a smart student.
쉬 이즈 어   스말트   스튜던트
그녀는 똑똑한 학생입니다.

156

nationality
[내셔낼러티]
국적

ROK : the Republic of Korea
알오케이   더   뤼퍼블릭   오브   코리아
대한민국

TIP   보통 국적을 물으면 Korea 내지는 South Korea라고 씁니다. 하지만 대한민국의 공식 명칭은 Republic of Korea(ROK)입니다. 물론 위에 세 가지 중 아무거나 써도 전혀 상관없습니다.

157

place
[플레이쓰]
장소

place of issue
플레이쓰 오브 이슈
발행국

TIP 서류를 발급한 나라를 물을때 위 표현을 씁니다. 우리는 ROK (Republic of Korea) '대한민국'이라고 하면 됩니다.

158

contact no.
[컨택트 넘벌]
연락처

Please leave your contact number.
플리즈 리브 유얼 컨택트 넘벌
당신의 연락처를 남겨주세요.

TIP no.는 **number** [넘벌] 숫자의 약자인데, 서류에서 자주 씁니다. 연락처는 '82(대한민국 국가번호) + 휴대폰 번호 또는 전화 번호'를 쓰는데 010, 02 등에서 앞의 0은 생략해도 됩니다.

159

visa no.
[비자 넘벌]
사증 번호

Visa number
비자 넘벌
사증 번호

160

signature
[시그니쳐]
서명

I need your signature here.
아이 니드 유얼 시그니쳐 히얼
여기에 서명해 주세요. (공식 문서에 사용)

영어 단어와 뜻을 선으로 연결시켜 보세요.

❶ **first name**　　　　ⓐ 출생일

❷ **occupation**　　　　ⓑ 회사원

❸ **nationality**　　　　ⓒ 이름

❹ **office worker**　　　ⓓ 성

❺ **housewife**　　　　ⓔ 연락처

❻ **family name**　　　ⓕ 사업가

❼ **businessman**　　　ⓖ 직업

❽ **date of birth**　　　ⓗ 서명

❾ **signature**　　　　ⓘ 국적

❿ **contact no.**　　　　ⓙ 주부

우리말을 보고 영어 단어를 써보세요.

⑪ 성별　g＿＿＿　　　　　⑯ 성+이름　f＿＿＿　n＿＿＿

⑫ 성　l＿＿＿　n＿＿＿　　⑰ 사증　v＿＿＿　n＿.

⑬ 호텔　h＿＿＿　　　　　⑱ 학생　s＿＿＿＿

⑭ 남성　m＿＿＿　　　　　⑲ 장소　p＿＿＿＿

⑮ 여성　f＿＿＿＿　　　　⑳ 주소　a＿＿＿＿

정답 　❶-ⓒ ❷-ⓖ ❸-ⓘ ❹-ⓑ ❺-ⓙ ❻-ⓓ ❼-ⓕ ❽-ⓐ ❾-ⓗ ❿-ⓔ

⑪ gender ⑫ last name ⑬ hotel ⑭ male ⑮ female ⑯ full name
⑰ visa no. ⑱ student ⑲ place ⑳ address

명사 300개 (161~180)

161

hour
[아월]
시간

We are open 24 hours a day.
위 알 오픈 투에니포 아월스 어 데이
우리는 24시간 엽니다. (영업합니다.)

> **TIP** hour에서 h는 묵음으로 소리가 나지 않습니다. 그래서 발음은 [아월]이라고 하지요.

162

minute
[미닛]
분

We have 30 minutes.
위 해브 써리 미니츠
우리는 30분이 있습니다.

163

investment
[인베스트먼트]
투자

It's a low-risk investment.
잇츠 어 로우 뤼스크 인베스트먼트
이것은 저위험(안전한) 투자입니다.

164

advice
[어드바이쓰]
조언

I need some advice.
아이 니드 썸 어드바이쓰
저는 약간의 조언이 필요합니다.

165

station
[스테이션]
역

Where is a subway station?
웨얼　이즈 어　써브웨이　스테이션
지하철역이 어디 있나요?

TIP 지하철역뿐만 아니라 기차역(train **station**), 버스정거장(bus **station**) 등에도 사용할 수 있습니다.

166

blood
[블러드]
피

What's your blood type?
왓츠　유얼　블러드　타입
당신의 혈액형은 무엇인가요?

167

capital
[캐피틀]
수도

Seoul is the capital of Korea.
서울　이즈 더　캐피틀　오브　코리아
서울은 한국의 수도입니다.

168

island
[아일랜드]
섬

The Maldives are
더　멀디브스　알
beautiful islands.
뷰리풀　아일랜즈
몰디브는 아름다운 섬입니다.

TIP island의 's'는 발음되지 않습니다. '아이슬란드'로 읽지 마세요.

199

culture
[컬쳐]
문화

I love Korean culture.
아이 러브 코리안 컬쳐
나는 한국 문화를 좋아해요.

condition
[컨디션]
상태

I am in good condition.
아이 엠 인 굿 컨디션
나는 건강한 상태입니다.

TIP 우리가 흔히 이야기하는 어떤 사람의 몸 상태뿐만 아니라, 일하는 사무 공간의 환경, 호텔 방의 상태, 계약 조건으로도 쓰입니다.

science
[싸이언쓰]
과학

I like science-fiction movies.
아이라이크 싸이언쓰 픽션 무비스
나는 공상과학 영화를 좋아해요.

public
[퍼블릭]
대중

Gyeongbokgung Palace is
경복궁 팰리스 이즈
open to the public.
오픈 투 더 퍼블릭
경복궁은 대중에게 공개됩니다.

park
[파알크]
공원

Seoraksan National Park is
설악산　　　　내셔널　　파알크　이즈

so beautiful.
쏘　　　　뷰리풀

설악산 국립공원은 매우 아름다워요.

TIP park는 '공원' 이외에 '주차하다' 라는 뜻으로 많이 쓰입니다. parking 표지판이 있으면 주차할 수 있어요. 더불어 '박' 씨 성을 가진 분들은 영어로 Park이라고 이름을 씁니다.

peace
[피쓰]
평화

We all hope for peace.
위　올　홉　포　피쓰

우리는 모두 평화를 바랍니다.

garden
[갈든]
정원

What a beautiful garden.
왓　어　　뷰리풀　　　갈든

정말 아름다운 정원이네요.

weight
[웨이트]
무게

I want to lose weight.
아이　원　투　루즈　웨이트

나는 몸무게를 줄이길 원해요.

177

evidence
[에비던쓰]
증거

There is no evidence.
데얼 이즈 노 에비던쓰

증거가 없습니다.

TIP 법률 드라마나 영화에 자주 나오는 단어입니다.

178

rule
[룰]
규칙

You broke the rule.
유 브로크 더 룰

당신은 규칙을 어겼어요.

179

river
[뤼벌]
강

The Hangang River is wide.
더 한강 뤼벌 이즈 와이드

한강은 넓어요.

180

truth
[트루쓰]
진실

I know the truth.
아이 노우 더 트루쓰

나는 진실을 알아요.

TIP 형용사 true [트루] 사실인, 진실인의 명사형입니다. truth의 반대말은 lie [라이] 거짓말입니다.

QUIZ

영어 단어와 뜻을 선으로 연결시켜 보세요.

❶ hour   ⓐ 수도

❷ investment   ⓑ 분

❸ island   ⓒ 조언

❹ minute   ⓓ 시간

❺ culture   ⓔ 피

❻ advice   ⓕ 역

❼ condition   ⓖ 상태

❽ capital   ⓗ 문화

❾ blood   ⓘ 섬

❿ station   ⓙ 투자

우리말을 보고 영어 단어를 써보세요.

⑪ 과학 s＿＿＿＿＿＿   ⑯ 무게 w＿＿＿＿＿

⑫ 대중 p＿＿＿＿＿   ⑰ 증거 e＿＿＿＿＿＿＿

⑬ 공원 p＿＿＿   ⑱ 규칙 r＿＿＿

⑭ 평화 p＿＿＿＿   ⑲ 강 r＿＿＿＿

⑮ 정원 g＿＿＿＿＿   ⑳ 진실 t＿＿＿＿

정답 ❶-ⓓ ❷-ⓙ ❸-ⓘ ❹-ⓑ ❺-ⓗ ❻-ⓒ ❼-ⓖ ❽-ⓐ ❾-ⓔ ❿-ⓕ

⑪ science ⑫ public ⑬ park ⑭ peace ⑮ garden ⑯ weight
⑰ evidence ⑱ rule ⑲ river ⑳ truth

명사 300개 (181~200)

181

immigration
[이미그뤠이션]
출입국관리소

Where is the immigration?
웨얼 이즈 디 이미그뤠이션
출입국관리소가 어디 있나요?

182

citizen
[씨리즌]
시민

U.S. citizens, EU passports
유에스 씨리즌스 이유 패스폴츠
미국 시민(시민권자), 유럽연합 여권

183

trip
[트륍]
여행

Have a nice trip.
해브 어 나이쓰 트륍
좋은 여행하세요.

184

purpose
[펄포우즈]
목적

What is the purpose of your trip?
왓 이즈 더 펄포우즈 오브 유얼 트륍
당신의 여행 목적은 무엇입니까?

TIP 입국 심사를 하며 딱 한 가지 질문만 받게 된다면 여행의 목적을 물어보는 경우입니다. 그러니 위 표현 꼭 알아두세요.

visit
[비짓]
방문

What is the purpose of your visit?
왓 이즈 더 펄포우즈 오브 유얼 비짓?
당신의 방문 목적은 무엇입니까?

TIP 마찬가지로 입국 심사때 받을 수 있는 질문입니다.

travel
[트래블]
여행

I am here for travel.
아이 엠 히얼 포 트래블
저는 여기 여행하러 왔어요.

TIP travel, trip 모두 여행이라는 뜻이 있습니다. 차이가 있다면 멀고 오래 가는 여행은 travel, 비교적 가깝고 짧게 가는 여행은 trip입니다. travel은 동사, 명사로 쓰이지만, trip은 명사로만 쓰여요.

vacation
[베이케이션]
휴가

I am here on vacation.
아이 엠 히얼 온 베이케이션
저는 여기 휴가차 왔어요.

relative
[랠러티브]
친척

I am here to visit my relatives.
아이 엠 히얼 투 비짓 마이 랠러티브스
저는 여기 제 친척을 방문하러 왔어요.

189

cousin
[커즌]
사촌

To visit my cousins.
투　비짓　마이　커즌스

제 사촌을 방문하려요.

190

uncle
[엉클]
삼촌

I am going to stay at
아이 엠　고잉　투 스테이 앳

my uncle's house.
마이　엉클스　하우스

저는 제 삼촌 집에 머물 거예요.

TIP　be going to 동사 표현은 '~ 할 것이다'라는 미래를 나타내는 표현입니다.

191

first time
[펄스트 타임]
첫 번째

This is my first time here.
디스 이즈 마이 펄스트　타임　히얼

이번이 처음입니다.

192

job
[잡]
직업

What is your job?
왓　이즈 유얼　잡

직업이 뭡니까?

1 9 3

engineer
[엔지니얼]
기술자

I am an electrical engineer.
아이 엠　언　일렉트뤼컬　엔지니얼
저는 전기 기술자입니다.

1 9 4

guesthouse
[게스트하우스]
민박

At a guesthouse.
앳 어　게스트하우스
민박집이에요. (민박집에 머물러요.)

> **TIP** 유럽이나 미국 여행을 가는 많은 한국인들이 guesthouse에 숙박
> 하지만, 입국 심사 시 guesthouse에 숙박한다고 하면 몇 가지 추가
> 질문을 받을 가능성이 있습니다.

1 9 5

money
[머니]
돈

How much money are
하우　머치　머니　알
you carrying?
유　캐링
돈을 얼마나 소지했습니까?

1 9 6

return
[뤼터언]
돌아옴

Do you have a return ticket?
두 유 해브 어 뤼턴 티켓
왕복 티켓이 있습니까?

197

one way
[원 웨이]
편도

A one-way ticket to Seoul, please.
어 원웨이 티켓 투 서울 플리즈
서울행 편도 티켓 한 장 주세요.

198

fingerprint
[핑걸프륀트]
지문

Put the fingers on your
풋 더 핑걸스 온 유얼
left hand on the scanner.
레프트 핸드 온 더 스캐널
왼손의 손가락을 스캐너에 대세요.

199

camera
[캐메라]
카메라

Look at the camera.
룩 앳 더 캐메라
카메라를 쳐다보세요.

200

interpreter
[인터프뤼터]
통역사

May I have a
메이 아이 해브 어
Korean interpreter, please?
코리안 인터프뤼터 플리즈
한국어 통역사 좀 불러 주시겠어요?

TIP 곤란한 상황에 처하셨다면 무조건 위 표현으로 통역사를 요청하세요.

QUIZ

영어 단어와 뜻을 선으로 연결시켜 보세요.

❶ **guesthouse**		ⓐ 지문
❷ **money**		ⓑ 직업
❸ **one way**		ⓒ 여행
❹ **job**		ⓓ 출입국관리소
❺ **fingerprint**		ⓔ 첫 번째
❻ **camera**		ⓕ 통역사
❼ **interpreter**		ⓖ 민박
❽ **first time**		ⓗ 편도
❾ **immigration**		ⓘ 돈
❿ **trip**		ⓙ 카메라

우리말을 보고 영어 단어를 써보세요.

⓫ 기술자 e＿＿＿＿＿＿＿

⓬ 시민 c＿＿＿＿＿＿

⓭ 목적 p＿＿＿＿＿＿

⓮ 방문 v＿＿＿＿

⓯ 여행 t＿＿＿＿＿

⓰ 휴가 v＿＿＿＿＿＿＿

⓱ 친척 r＿＿＿＿＿＿＿

⓲ 사촌 c＿＿＿＿＿

⓳ 삼촌 u＿＿＿＿

⓴ 돌아옴 r＿＿＿＿＿

정답 ❶-ⓖ ❷-ⓘ ❸-ⓗ ❹-ⓑ ❺-ⓐ ❻-ⓙ ❼-ⓕ ❽-ⓔ ❾-ⓓ ❿-ⓒ
⓫ engineer ⓬ citizen ⓭ purpose ⓮ visit ⓯ travel ⓰ vacation
⓱ relative ⓲ cousin ⓳ uncle ⓴ return

명사 300개 (201~220)

201

end
[엔드]
끝

This is the end.
디스 이즈 디 엔드
이것이 끝입니다.

TIP the end는 영화 끝날 때 많이 보셨죠? the의 경우 보통 '더'라고 읽지만, 모음 발음이 나는 단어 앞에서는 '디'라고 읽습니다.

202

group
[그룹]
무리

A group of kids were playing soccer.
어 그룹 오브 키즈 워얼 플레잉 싸컬
아이들 무리가 축구를 하고 있었어요.

203

fact
[팩트]
사실

I want to know the facts.
아이 원 투 노우 더 팩츠
나는 사실을 알고 싶어요.

204

example
[이그잼플]
예

Give me an example.
기브 미 언 이그잼플
예를 하나 들어 주세요.

205

person
[펄슨]
사람

이지쌤 is a friendly person.
이지쌤 이즈 어　프렌들리　펄슨

이지쌤은 친절한 사람입니다.

TIP　person은 사람, people은 사람들을 뜻합니다. 그래서 여러 사람을 말하고 싶을 때는 person 뒤에 s를 붙여 persons로 말하거나, people로 표현해도 좋습니다.

206

government
[거벌먼트]
정부

The South Korean
더　사우쓰　코리안

government has a solution.
거벌먼트　해즈 어　솔루션

한국 정부는 해결책을 갖고 있습니다.

207

education
[에쥬케이션]
교육

Education starts at home.
에쥬케이션　스탈츠　앳　홈

교육은 집에서 시작됩니다.

208

Earth
[얼쓰]
지구

I am the happiest man on Earth.
아이 엠　더　해피스트　맨 온　얼쓰

나는 지구에서 가장 행복한 사람입니다.

space
[스페이스]
우주

Korea has a space program.
코리아 해즈 어 스페이스 프로그램
한국은 우주(개발) 프로그램이 있습니다.

TIP space는 '우주'라는 의미 외에 '공간'이라는 의미도 있어요. empty space [엠티 스페이스] 빈 공간이라는 의미입니다.

future
[퓨쳘]
미래

친절한 대학 has a bright future.
친절한 대학 해즈 어 브라이트 퓨쳐
친절한 대학은 밝은 미래를 갖고 있습니다.

TIP 과거는 past [패스트], 현재는 present [프레즌트], 미래는 future [퓨쳐] 입니다.

rest
[뤠스트]
휴식

Let's get some rest.
렛츠 겟 썸 뤠스트
약간의 휴식을 취합시다.

question
[퀘스쳔]
질문

Can I ask a question?
캔 아이애스크 어 퀘스쳔
질문 하나 해도 될까요?

answer
[앤썰]
대답

The answer is yes.
디 앤썰 이즈 예스
대답은 그렇다 입니다. (좋아요.)

TIP Q&A는 Question(s)(질문들) &(그리고) Answer(s)(대답들)의 줄임말인 것 앞에서 배웠죠? 참고로 FAQ는 Frequently(자주) asked(질문된) questions(질문들)의 약자입니다.

wall
[월]
벽

The walls have ears.
더 월스 해브 이얼스
벽에는 귀가 있어요.

TIP 누가 들을지도 모르니 말조심하라는 의미의 우리말 속담 '낮말은 새가 듣고 밤말은 쥐가 듣는다'와 비슷하죠.

army
[알미]
군대

He is in the army.
히 이즈 인 디 알미
그는 군대에 있습니다. (군 복무 중입니다.)

success
[썩쎄스]
성공

The party was a big success.
더 팔티 워즈 어 빅 썩쎄스
파티는 정말 성공적이었어요.

opportunity
[아펄츄너티]
기회

Don't miss this opportunity.
돈　미스　디스　아펄츄너티
이 기회를 놓치지 마세요.

TIP 비슷한 단어로 chance [췐스]가 있어요.

source
[솔스]
원천

Where is the source of
웨얼　이즈 더　솔스　오브

this river?
디스　뤼벌
이 강의 원천(근원)은 어디인가요?

TIP 파생어로 **resource** [리솔스]가 있는데요. '원천적으로 가진 것' 즉 '자원'이라는 의미입니다.

failure
[페일리얼]
실패

It's not a failure.
잇츠　낫 어 페일리얼
그건 실패가 아닙니다.

opinion
[오피니언]
의견

What is your opinion?
왓　이즈 유얼　오피니언
당신의 의견은 무엇인가요?

영어 단어와 뜻을 선으로 연결시켜 보세요.

① question   ⓐ 벽

② education   ⓑ 의견

③ wall   ⓒ 기회

④ success   ⓓ 군대

⑤ government   ⓔ 질문

⑥ opportunity   ⓕ 원천

⑦ source   ⓖ 실패

⑧ failure   ⓗ 교육

⑨ opinion   ⓘ 정부

⑩ army   ⓙ 성공

우리말을 보고 영어 단어를 써보세요.

⑪ 끝   e _ _   ⑯ 대답   a _ _ _ _ _

⑫ 무리   g _ _ _ _   ⑰ 지구   E _ _ _ _

⑬ 사실   f _ _ _   ⑱ 우주   s _ _ _ _

⑭ 예   e _ _ _ _ _   ⑲ 미래   f _ _ _ _ _

⑮ 사람   p _ _ _ _ _   ⑳ 휴식   r _ _ _

정답   **①**-ⓔ **②**-ⓗ **③**-ⓐ **④**-ⓙ **⑤**-ⓘ **⑥**-ⓒ **⑦**-ⓕ **⑧**-ⓖ **⑨**-ⓑ **⑩**-ⓓ

⑪ end ⑫ group ⑬ fact ⑭ example ⑮ person ⑯ answer
⑰ Earth ⑱ space ⑲ future ⑳ rest

명사 300개 (221~240)

---

2 2 1

information
[인폴메이션]
정보

You must provide the information.
유　머스트 프로바이드　디　인폴메이션
당신은 정보를 제공해야 합니다.

---

2 2 2

member
[멤벌]
구성원

Number of family members
넘벌　오브　패밀리　멤벌스
traveling with you
트레블링　위쓰　유
당신과 여행하는 가족 구성원 수

---

2 2 3

marriage
[메뤼지]
결혼

The basis of good marriage is trust.
더　베이시스 오브　굿　메뤼지　이즈 트러스트
좋은 결혼 생활의 기본은 신뢰입니다.

---

2 2 4

state
[스테이트]
주

United States of America
유나이티드　스테이츠　오브　어메리카
미합중국(미국, 줄여서 USA)

---

residence
[뤠지던스]
거주지

country of residence
컨츄뤼   오브   뤠지던스
거주지

street
[스트뤼트]
도로

3600 St., Las Vegas, NV
쓰리싸우전드씩스헌드뤠드 스트뤼트   라스베이거스   네바다
네바다 주 라스베이거스 3600가

TIP St.는 street의 약자입니다. 신고서 작성을 위해 여행 출발 전 예약한 숙소의 주소를 알아가는 것이 좋습니다. 보통 호텔 이름, 거리 이름, 도시, 주 이름 순서로 말해요. 위 예시처럼요.

destination
[데스터네이션]
목적지

Where is your destination?
웨얼   이즈   유얼   데스터네이션
목적지가 어디입니까?

vessel
[베셀]
선박

Write down your vessel no.
라이트   다운   유얼   베셀   넘벌
선박명(번호)을 적으세요.

229

fruit
[프루트]

과일

I am bringing fruits.

아이 엠　　브링잉　　프루츠

저는 과일을 가져갑니다.

230

vegetable
[베지터블]

채소

I'm not bringing

아임　낫　브링잉

any vegetables.

애니　베지터블스

아무 채소도 가져가지 않습니다.

231

plant
[플랜트]

식물

exotic plants, flowers, and trees

이그자릭　플랜트　플라월스　앤　트뤼스

야생 식물, 꽃과 나무

TIP 요즘 플랜테리어(planterior)라는 말이 유행이지요? 식물(plant)로 인테리어(interior)를 한다는 뜻입니다.

232

disease
[디지스]

질병

Korea Centers for Diseases

코리아　센터스　폴　디시스

Control and Prevent (KCDC)

컨트롤　앤　프리벤트

질병 관리 본부 (질본)

233

product
[프로덕트]
제품

meats / animals /
미트　　　애니멀스

wildlife products
와일드라이프　　프로덕츠

육류 / 동물 / 야생 제품

234

livestock
[라이브스톡]
가축

I have been in close
아이　해브　　빈　　인　클로스

proximity of livestock.
프락시머티　　오브　라이브스톡

저는 가축과 가까이 지냈습니다.

TIP 집에서 키우는 강아지나 고양이 같은 반려 동물은 pet [펫]이라고 해요.

235

currency
[커뤈씨]
통화

currency over $10,000 U.S.
커뤈씨　　　오벌　　텐싸우전드 유에스 달러스

미화 일만 달러 이상

236

merchandise
[멀천다이스]
상품

commercial merchandise
커머셜　　　　　멀천다이스

상업용 상품

237

sale
[쎄일]
판매

I'm sorry. It's not for sale.
아임 쏘뤼 잇츠 낫 폴 쎄일
죄송합니다. 이것은 판매용이 아닙니다.

TIP 한국에서 sale은 가격을 할인하는 것을 말하지만, 실제로 영어에서는 물건을 파는 '판매'라는 뜻으로 더 많이 쓰입니다.

238

resident
[뤠지던트]
거주자

residents or visitors
뤠지던츠 오얼 비지터스
거주자 혹은 방문자

239

visitor
[비지터]
방문객

I'm a frequent visitor to the U.S.
아임 어 프뤼퀀트 비지터 투 더 유에스
저는 미국 상시 방문자입니다.

240

nothing
[낫씽]
아무것도 없음

Nothing to declare.
낫씽 투 디클레어
신고할 것이 없습니다.

영어 단어와 뜻을 선으로 연결시켜 보세요.

❶ **information**		ⓐ 주	
❷ **destination**		ⓑ 선박	
❸ **state**		ⓒ 상품	
❹ **resident**		ⓓ 과일	
❺ **vessel**		ⓔ 목적지	
❻ **fruit**		ⓕ 거주지	
❼ **vegetable**		ⓖ 정보	
❽ **merchandise**		ⓗ 아무것도 없음	
❾ **residence**		ⓘ 거주자	
❿ **nothing**		ⓙ 채소	

우리말을 보고 영어 단어를 써보세요.

⑪ 구성원 m＿＿＿＿＿   ⑯ 통화 c＿＿＿＿＿＿＿

⑫ 결혼 m＿＿＿＿＿   ⑰ 식물 p＿＿＿＿

⑬ 제품 p＿＿＿＿＿   ⑱ 판매 s＿＿＿

⑭ 질병 d＿＿＿＿＿   ⑲ 도로 s＿＿＿＿＿

⑮ 가축 l＿＿＿＿＿   ⑳ 방문객 v＿＿＿＿＿＿

정답 ❶-ⓖ ❷-ⓔ ❸-ⓐ ❹-ⓘ ❺-ⓑ ❻-ⓓ ❼-ⓙ ❽-ⓒ ❾-ⓕ ❿-ⓗ
⑪ member ⑫ marriage ⑬ product ⑭ disease ⑮ livestock
⑯ currency ⑰ plant ⑱ sale ⑲ street ⑳ visitor

명사 300개 (241~260)

241

university
[유니벌서티(리)]
대학

I study at a university in Seoul.
아이 스터디 앳 어 유니벌서티 인 서울

나는 서울에 있는 대학에서 공부합니다.

242

date
[데이트]
날짜

I can't come on that date.
아이 캔트 컴 온 댓 데이트

나는 그 날짜에 올 수 없어요.

243

industry
[인더스트리]
산업

What is the main industry in Korea?
왓 이즈 더 메인 인더스트리 인 코리아

한국에서 주요 산업은 무엇입니까?

244

paper
[페이펄]
종이

I need some paper.
아이 니드 썸 페이펄

나는 종이가 좀 필요해요.

TIP paper는 종이라는 기본적인 뜻 이외에도 신문, 문서, 서류, 시험지, 보고서, 논문 등 종이로 만들어지는 여러 가지를 뜻하기도 합니다.

245

community
[커뮤니티]
공동체

We live in a global community.
위 리브 인 어 글로벌 커뮤니티
우리는 국제적인 공동체에서 삽니다.

246

picture
[픽쳐얼]
사진

Can you take a picture of me?
캔 유 테이크 어 픽쳐얼 오브 미
제 사진을 찍어 주시겠어요?

> TIP picture 대신에 photo [포토]를 써도 같은 뜻이니 괜찮습니다.

247

position
[포지션]
위치

Hold your positions.
홀드 유얼 포지션스
당신 위치를 지키세요.

> TIP position은 '지리적인 자리나 위치'를 의미하기도 하지만, '사회적인 지위'를 뜻하기도 합니다.

248

series
[시뤼즈]
연속물

What is your favorite TV series?
왓 이즈 유얼 페이브릿 티비 시뤼즈
당신이 좋아하는 TV 연속물은 무엇입니까?

income
[인컴]
소득

What's your annual income?
왓츠　유얼　애뉴얼　인컴

당신의 연소득은 얼마입니까?

TIP weekly **income** [위클리 인컴] 주급, monthly **income** [먼쓸리 인컴] 월급으로도 활용할 수 있겠죠?

size
[사이즈]
크기

What's your size?
왓츠　유얼　사이즈

당신의 치수는 얼마입니까?

research
[뤼설치]
연구

I am busy with my research.
아이 엠　비지　위쓰　마이　뤼설치

나는 내 연구로 바빠요.

floor
[플로어]
층

I am on the second floor.
아이 엠 온 더　세컨드　플로어

나는 2층에 있어요.

TIP 엘리베이터에 1F, 2F, 3F는 층을 나타내는 floor에서 F를 따온 것입니다. 1st floor를 줄여서 1F로 표시합니다.

chance
[췐스]
기회

Give me a chance, please.
기브 미 어 챈쓰 플리즈
제게 제발 기회를 주세요.

TIP 우리가 흔히 한글로 찬스라고 표현하지만, [췐스]로 읽는 게 훨씬 더 원음에 가깝습니다.

process
[프로쎄쓰]
과정

It's a very simple process.
잇츠 어 베뤼 심플 프로쎄쓰
이것은 매우 간단한 과정입니다.

TIP 프로세스는 특정 결과를 달성하기 위한 연속적인 과정이나 절차를 뜻합니다. 우리말로 단순하게 '과정'이라고 표현할 수 있지만 훨씬 함축적이죠. 그래서 '프로세스'라는 단어를 우리말로 쓰기도 합니다.

letter
[레러]
편지

I got a letter.
아이 갓 어 레러
나는 편지를 받았어요.

list
[리스트]
목록

Is your name on the list?
이즈 유얼 네임 온 더 리스트
당신의 이름이 목록(명단)에 있나요?

activity
[액티비티]
활동

What's your favorite
왓츠   유얼   페이브릿

summer activity?
썸머   액티비티

당신이 좋아하는 여름 활동은 무엇입니까?

lady
[레이디]
숙녀

Ladies first.
레이디스   펄스트

숙녀분 먼저.

TIP 신사는 gentleman [젠틀맨]이라고 합니다. Ladies and gentlemen. 많이 들어보셨죠?

situation
[시츄에이션]
상황

The situation is beyond control.
더   시츄에이션   이즈   비욘드   컨트롤

이 상황은 통제를 넘어섭니다.

season
[시즌]
계절

What's your favorite season?
왓츠   유얼   페이브릿   시즌

당신이 좋아하는 계절은 무엇입니까?

TIP four seasons(4계절)은 spring [스프링] 봄, summer [써머] 여름, autumn/fall [오텀/폴] 가을, winter [윈털] 겨울입니다.

영어 단어와 뜻을 선으로 연결시켜 보세요.

❶ **university**		ⓐ 산업
❷ **date**		ⓑ 위치
❸ **industry**		ⓒ 종이
❹ **paper**		ⓓ 연속물
❺ **community**		ⓔ 크기
❻ **picture**		ⓕ 대학
❼ **position**		ⓖ 공동체
❽ **series**		ⓗ 사진
❾ **situation**		ⓘ 날짜
❿ **size**		ⓙ 상황

우리말을 보고 영어 단어를 써보세요.

⓫ 연구 r _ _ _ _ _ _ _

⓬ 층 f _ _ _ _ _

⓭ 기회 c _ _ _ _ _

⓮ 과정 p _ _ _ _ _ _

⓯ 편지 l _ _ _ _ _

⓰ 목록 l _ _ _

⓱ 활동 a _ _ _ _ _ _ _

⓲ 숙녀 l _ _ _

⓳ 소득 i _ _ _ _ _

⓴ 계절 s _ _ _ _ _

정답 ❶-ⓕ ❷-ⓘ ❸-ⓐ ❹-ⓒ ❺-ⓖ ❻-ⓗ ❼-ⓑ ❽-ⓓ ❾-ⓙ ❿-ⓔ
⓫ research ⓬ floor ⓭ chance ⓮ process ⓯ letter ⓰ list
⓱ activity ⓲ lady ⓳ income ⓴ season

명사 300개 (261~280)

261

restaurant
[뢰스토랑]
식당

Can you recommend a good restaurant?
캔   유   뢰코멘드   어   굿   뢰스토랑
괜찮은 식당 추천해 주실래요?

262

order
[오덜]
주문

May I take your order?
메이 아이 테이크   유얼   오덜
제가 주문을 받아도 될까요?

> **TIP** Are you ready to **order**? '당신은 주문할 준비가 되셨나요?' 라고 물어보기도 합니다.

263

appetizer
[애피타이저]
전채요리

A tomato salad is a good appetizer.
어 토메이로   샐럿 이즈어   굿   애피타이저
토마토 샐러드는 좋은 전채요리죠.

264

beverage
[베버뤼지]
음료

Coke is a popular beverage.
코크   이즈 어   파퓰러   베버뤼지
콜라는 인기 있는 음료입니다.

228

wine
[와인]
와인

Do you have some wine?
두 유 해브 썸 와인

와인 있나요?

beer
[비얼]
맥주

I would like a beer.
아이 우드 라익 어 비얼

저는 맥주로 할게요.

dessert
[디절트]
후식

I don't have room for dessert.
아이 돈 해브 루움 폴 디절트

후식 먹을 공간(배)이 없어요. (배불러요.)

TIP 스펠링에 주의하세요. s를 하나 빼고 desert라고 하면 발음은 [데절트] 뜻은 '사막'이 되기 때문입니다.

soup
[수프]
국물 요리

The soup is too salty.
더 수프 이즈 투 쏠티

수프가 너무 짜요.

TIP 옥수수 수프, 양송이 수프 등도 수프이지만, 우리가 먹는 찌개도 soup이라고 해요. 김치찌개는 Kimchi soup이라고 하면 돼요.

269

bill
[빌]
계산서

The bill, please.
더 빌 플리즈
계산서 주세요.

TIP Check, please. 라는 표현도 같은 의미입니다.

270

cash
[캐쉬]
현금

I don't have any cash.
아이 돈 해브 애니 캐쉬
나는 현금이 없어요.

TIP cash only라고 쓰여 있다면 현금 결제만 가능하다는 뜻입니다. only는 여기서 '오직'이라는 뜻으로 쓰였습니다.

271

credit card
[크뤠딧 칼드]
신용카드

Can I pay by credit card?
캔 아이 페이 바이 크뤠딧 칼드
신용카드로 결제해도 될까요?

272

total
[토를]
합계

How much is the total?
하우 머치 이즈 더 토를
합계가 얼마죠?

273

tip
[팁]
팁

Is the tip included?

이즈 더 팁 인클루디드

팁이 포함됐나요?

TIP 여행하시기 전에 여행지의 팁 문화를 미리 살펴보세요. 어떤 나라는 팁을 줄 필요가 없고, 미국과 같은 나라는 15% 이상의 팁을 주는게 통상적이에요. 미국에서 팁을 안내면 왜 안내냐고 따지고 들 수도 있어요.

274

waiter
[웨이러]
남자 종업원

Which waiter is ours?

위치 웨이러 이즈 아월스

어느 남자 종업원이 저희 담당이죠?

275

waitress
[웨이트리스]
여자 종업원

I gave the waitress a tip.

아이 게이브 더 웨이트리스 어 팁

나는 그 여자 종업원에게 팁을 줬어요.

276

main dish
[메인 디쉬]
주요리

Fish is the main dish tonight.

피쉬 이즈 더 메인 디쉬 투나잇

생선이 오늘 주요리입니다.

side dish
[사이드 디쉬]
곁들임 요리

Any side dishes?
애니 사이드 디쉬스

곁들임 요리는 뭐로 드시겠어요?

menu
[메뉴]
메뉴

Can I see the menu, please?
캔 아이 씨 더 메뉴 플리즈

메뉴 좀 볼 수 있을까요?

TIP 한국인들이 많은 동남아 여행지에서는 종종 한국어 메뉴판이 있는 식당이 있습니다. **Is there a menu in Korean?** [이즈 데얼 어 메뉴 인 코리안] 라고 물어보면 한국어 메뉴판을 갖다줍니다.

service
[설비스]
서비스

A 10% service charge
어 텐 펄쎈트 설비스 찰지

will be added.
윌 비 애디드

10퍼센트의 서비스 요금이 추가될 겁니다.

restroom
[뤠스트루움]
화장실

Where is the restroom?
웨얼 이즈 더 뤠스트루움

화장실이 어디 있죠?

영어 단어와 뜻을 선으로 연결시켜 보세요.

❶ **order**		ⓐ 음료	
❷ **credit card**		ⓑ 계산서	
❸ **waitress**		ⓒ 식당	
❹ **beverage**		ⓓ 여자 종업원	
❺ **main dish**		ⓔ 신용카드	
❻ **appetizer**		ⓕ 주문	
❼ **restaurant**		ⓖ 화장실	
❽ **side dish**		ⓗ 전채요리	
❾ **bill**		ⓘ 곁들임 요리	
❿ **restroom**		ⓙ 주요리	

우리말을 보고 영어 단어를 써보세요.

⑪ 현금 c＿＿＿

⑫ 합계 t＿＿＿＿

⑬ 팁 t＿＿

⑭ 남자 종업원 w＿＿＿＿＿

⑮ 와인 w＿＿＿

⑯ 후식 d＿＿＿＿＿＿

⑰ 국물 요리 s＿＿＿

⑱ 메뉴 m＿＿＿

⑲ 서비스 s＿＿＿＿＿＿

⑳ 맥주 b＿＿＿

명사 300개 (281~300)

281

holiday
[할러데이]
휴가

I am on holiday.
아이 엠 온 할러데이
나는 휴가 중이에요.

282

memory
[메머리]
기억

I often recall my happy
아이 오픈 뤼콜 마이 해피
childhood memories.
찰드후드 메머리스
나는 행복했던 유년 시절의 기억들을 자주 떠올려요.

283

accident
[액씨던트]
사고

I had a car accident.
아이 해드 어 카알 액씨던트
나는 자동차 사고가 났어요.

284

bridge
[브륏지]
다리

The Incheon Bridge is beautiful.
디 인천 브륏지 이즈 뷰리풀
인천대교는 아름다워요.

---

text
[텍스트]
글

What's the text about?
왓츠　　더　텍스트　어바웃

그 글은 무엇에 관한 건가요?

TIP text 앞에 con을 붙여서 context라고 하면 전체적인 글의 흐름, 즉 '문맥'이라는 뜻이 됩니다.

decision
[디씨젼]
결정

I made a decision.
아이　메이드　어　　디씨젼

나는 결정했어요.

freedom
[프리덤]
자유

Freedom is not free.
프리덤　　　이즈　낫　프리

자유는 공짜가 아닙니다.

TIP free는 '자유의, 무료의'라는 뜻의 형용사이고 freedom은 명사입니다.

safety
[세이프티]
안전

Fasten your seatbelt
패슨　　유얼　　싯벨트

for your safety.
폴　유얼　세이프티

당신의 안전을 위해 안전벨트를 하세요.

289

danger
[대인져]
위험

I am in danger.
아이 엠 인 대인져

나는 위험에 빠졌어요.

TIP in danger는 '위험 안에 있다' 즉 '위험에 빠졌다'는 뜻이죠.

290

middle
[미들]
중간

I don't have a middle name.
아이 돈 해브 어 미들 네임

나는 중간 이름이 없어요.

TIP 우리나라는 middle name이 없지만, 외국에서는 중간 이름이 있는 경우가 있어요.

291

network
[네트월크]
망

My computer network is down.
마이 컴퓨러 네트월크 이즈 다운

내 컴퓨터망이 망가졌어요.

TIP network는 우리가 사용하는 인터넷망뿐만 아니라 통신망, 철도/도로망, 사람들 사이의 인적망으로도 사용됩니다.

292

museum
[뮤지엄]
박물관

Is the museum open today?
이즈 더 뮤지엄 오픈 투데이

박물관이 오늘 문을 여나요?

293

background
[백그라운드]
배경

She has a good family background.
쉬 해즈 어 굿 패밀리 백그라운드
그녀는 훌륭한 가족 배경을 갖고 있어요.

TIP back(뒤쪽의)과 ground(땅)이 합쳐져 배경이란 단어가 되었습니다. 사회적, 정치적 배경으로 쓰이기도 하고, 배경 음악, 배경 화면을 영어로 쓸 때도 쓰입니다.

294

bottom
[바틈]
맨 아래

Bottoms up!
바틈스 업
건배!

295

sentence
[쎈텐쓰]
문장

This is a simple sentence.
디스 이즈 어 심플 쎈텐쓰
이것은 간단한 문장입니다.

296

reality
[뤼알러티]
현실

You should face reality.
유 슈드 페이쓰 뤼알러티
당신은 현실과 마주하는 것이 좋겠어요.

TIP 요즘 많이 쓰이는 VR은 Virtual(가상의) Reality(현실)에서 앞글자를 딴 가상현실이란 뜻의 단어입니다.

exchange
[익스췌인지]
교환

Where is the money
웨얼　이즈　더　머니

exchange counter?
익스췌인지　　카운터

환전소가 어디 있나요?

standard
[스탠달드]
수준

Your standard of living is
유얼　스탠달드　오브　리빙　이즈

very high.
베뤼　하이

당신의 생활 수준은 매우 높아요.

TIP standard of living은 표준이 되는 생활의 정도를 척도로 삼아 생활 수준의 높고 낮음을 표현하는 것을 말해요.

option
[옵션]
선택지

I have two options for you.
아이　해브　투　옵션스　폴　유

당신을 위한 두 가지 선택지가 있어요.

past
[패스트]
과거

We can't change the past.
위　캔츠　췌인지　더　패스트

우리는 과거를 바꿀 수 없어요.

영어 단어와 뜻을 선으로 연결시켜 보세요.

❶ **holiday**　　　　　ⓐ 배경

❷ **memory**　　　　　ⓑ 현실

❸ **background**　　　ⓒ 사고

❹ **bottom**　　　　　ⓓ 문장

❺ **sentence**　　　　ⓔ 기억

❻ **reality**　　　　　ⓕ 표준

❼ **exchange**　　　　ⓖ 휴가

❽ **standard**　　　　ⓗ 박물관

❾ **accident**　　　　ⓘ 맨 아래

❿ **museum**　　　　　ⓙ 교환

우리말을 보고 영어 단어를 써보세요.

⑪ 선택지　o _ _ _ _ _

⑯ 안전　s _ _ _ _ _

⑫ 다리　b _ _ _ _ _

⑰ 위험　d _ _ _ _ _

⑬ 글　t _ _ _

⑱ 중간　m _ _ _ _ _

⑭ 결정　d _ _ _ _ _ _

⑲ 망　n _ _ _ _ _

⑮ 자유　f _ _ _ _ _ _

⑳ 과거　p _ _ _

명사 300개 총정리

단어를 소리 내어 읽어보고 뜻을 떠올려 보세요. 뜻은 오른쪽을 확인하세요.

001 **day**	008 **history**	015 **door**
002 **night**	009 **water**	016 **line**
003 **world**	010 **office**	017 **city**
004 **life**	011 **body**	018 **base**
005 **house**	012 **name**	019 **food**
006 **company**	013 **market**	020 **benefit**
007 **parent**	014 **book**	

021 **year**	028 **delivery**	035 **news**
022 **month**	029 **business**	036 **report**
023 **week**	030 **idea**	037 **man**
024 **weekend**	031 **price**	038 **woman**
025 **health**	032 **cost**	039 **boy**
026 **exercise**	033 **time**	040 **girl**
027 **moment**	034 **watch**	

앞에서 떠올린 뜻이 맞는지 확인해 보고, 영어로 다시 떠올려 보세요.

001	날	008	역사	015	문
002	밤	009	물	016	선
003	세계	010	사무실	017	도시
004	삶	011	몸	018	기반
005	집	012	이름	019	음식
006	회사	013	시장	020	혜택
007	부모	014	책		

021	해/년	028	배달	035	뉴스
022	월/달	029	사업	036	보도
023	주	030	발상	037	남자
024	주말	031	가격	038	여자
025	건강	032	비용	039	소년
026	운동	033	시간	040	소녀
027	잠깐	034	시계		

041 staff	048 police	055 society
042 manager	049 head	056 control
043 trade	050 face	057 family
044 team	051 hand	058 daughter
045 country	052 foot	059 relationship
046 town	053 problem	060 solution
047 home	054 law	

061 passport	068 departure	075 flight
062 check-in	069 arrival	076 status
063 baggage	070 airline	077 economy
064 boarding pass	071 airport	078 class
065 window seat	072 liquid	079 customs
066 aisle seat	073 duty free	080 stopover
067 gate	074 terminal	

041 직원	048 경찰	055 사회
042 관리자	049 머리	056 통제
043 거래	050 얼굴	057 가족
044 팀	051 손	058 딸
045 나라	052 발	059 관계
046 소도시	053 문제	060 해결책
047 가정	054 법	

061 여권	068 출발	075 비행
062 탑승수속	069 도착	076 상황
063 수하물	070 항공사	077 경제
064 탑승권	071 공항	078 등급
065 창가석	072 액체	079 세관
066 통로석	073 면세품	080 단기 체류
067 탑승구	074 터미널	

081 weather	088 title	095 issue
082 newspaper	089 system	096 art
083 café	090 level	097 type
084 Americano	091 sound	098 performance
085 age	092 shop	099 model
086 child(ren)	093 risk	100 technology
087 kid(s)	094 energy	

101 lavatory	108 beef	115 emergency
102 flush	109 pork	116 turbulence
103 seatbelt	110 drink	117 device
104 crew	111 rice	118 entry card
105 blanket	112 noodle	119 declaration
106 earplug	113 seat	120 pen
107 eye mask	114 local time	

081	날씨	088	제목	095	쟁점
082	신문	089	체계	096	예술
083	카페	090	수준	097	유형
084	블랙커피	091	소리	098	공연
085	나이	092	상점	099	모델
086	어린이	093	위험	100	기술
087	아이	094	에너지		

101	화장실	108	소고기	115	비상
102	물내림	109	돼지고기	116	난기류
103	안전벨트	110	음료	117	장치
104	승무원	111	밥	118	입국 신고서
105	담요	112	면	119	신고서
106	귀마개	113	좌석	120	펜
107	안대	114	현지 시간		

121 language	128 role	135 value
122 sense	129 reason	136 practice
123 mind	130 nature	137 hospital
124 damage	131 experience	138 president
125 death	132 friend	139 oil
126 century	133 voice	140 pattern
127 air	134 light	

141 first name	148 date of birth	155 student
142 last name	149 address	156 nationality
143 family name	150 hotel	157 place
144 full name	151 occupation	158 contact no.
145 gender	152 office worker	159 visa no.
146 male	153 housewife	160 signature
147 female	154 businessman	

121 언어	128 역할	135 가치
122 감각	129 이유	136 연습
123 마음	130 자연	137 병원
124 피해	131 경험	138 대통령
125 죽음	132 친구	139 기름
126 세기	133 목소리	140 패턴, 무늬
127 공기	134 빛	

141 이름	148 출생일	155 학생
142 성	149 주소	156 국적
143 성	150 호텔	157 장소
144 성+이름	151 직업	158 연락처
145 성별	152 회사원	159 사증 번호
146 남성	153 주부	160 서명
147 여성	154 사업가	

161 hour	168 island	175 garden
162 minute	169 culture	176 weight
163 investment	170 condition	177 evidence
164 advice	171 science	178 rule
165 station	172 public	179 river
166 blood	173 park	180 truth
167 capital	174 peace	

181 immigration	188 relative	195 money
182 citizen	189 cousin	196 return
183 trip	190 uncle	197 one way
184 purpose	191 first time	198 fingerprint
185 visit	192 job	199 camera
186 travel	193 engineer	200 interpreter
187 vacation	194 guesthouse	

161	시간	168	섬	175	정원
162	분	169	문화	176	무게
163	투자	170	상태	177	증거
164	조언	171	과학	178	규칙
165	역	172	대중	179	강
166	피	173	공원	180	진실
167	수도	174	평화		

181	출입국관리소	188	친척	195	돈
182	시민	189	사촌	196	돌아옴
183	여행	190	삼촌	197	편도
184	목적	191	첫 번째	198	지문
185	방문	192	직업	199	카메라
186	여행	193	기술자	200	통역사
187	휴가	194	민박		

201 end	208 Earth	215 army
202 group	209 space	216 success
203 fact	210 future	217 opportunity
204 example	211 rest	218 source
205 person	212 question	219 failure
206 government	213 answer	220 opinion
207 education	214 wall	

221 information	228 vessel	235 currency
222 member	229 fruit	236 merchandise
223 marriage	230 vegetable	237 sale
224 state	231 plant	238 resident
225 residence	232 disease	239 visitor
226 street	233 product	240 nothing
227 destination	234 livestock	

201 끝	208 지구	215 군대
202 무리	209 우주	216 성공
203 사실	210 미래	217 기회
204 예	211 휴식	218 원천
205 사람	212 질문	219 실패
206 정부	213 대답	220 의견
207 교육	214 벽	

221 정보	228 선박	235 통화
222 구성원	229 과일	236 상품
223 결혼	230 채소	237 판매
224 주	231 식물	238 거주자
225 거주지	232 질병	239 방문객
226 도로	233 제품	240 아무것도 없음
227 목적지	234 가축	

241 university	248 series	255 letter
242 date	249 income	256 list
243 industry	250 size	257 activity
244 paper	251 research	258 lady
245 community	252 floor	259 situation
246 picture	253 chance	260 season
247 position	254 process	

261 restaurant	268 soup	275 waitress
262 order	269 bill	276 main dish
263 appetizer	270 cash	277 side dish
264 beverage	271 credit card	278 menu
265 wine	272 total	279 service
266 beer	273 tip	280 restroom
267 dessert	274 waiter	

281 **holiday**

282 **memory**

283 **accident**

284 **bridge**

285 **text**

286 **decision**

287 **freedom**

288 **safety**

289 **danger**

290 **middle**

291 **network**

292 **museum**

293 **background**

294 **bottom**

295 **sentence**

296 **reality**

297 **exchange**

298 **standard**

299 **option**

300 **past**

노트

영어 입국 신고서 작성하기

옆의 예시는 영국의 입국 신고서입니다. 미국의 경우 입국 신고서는 따로 작성하지 않아요. 하지만 일반적으로 입국 신고서를 작성하는 영어권 국가가 많으므로 대표적인 표현을 익혀두면 좋아요.

입국 신고서에는 이름, 성별, 국적 등 간단한 인적사항과 여행지에서 머물 장소를 기입해야 합니다. 만약 친구나 친척집에 머물게 된다면 주소를 쓰고, 호텔에 머문다면 호텔 이름을 적으면 됩니다. 입국 신고서는 **Immigration Card** 혹은 **Landing Card**라고도 해요. 입국 신고서의 양식과 항목은 나라마다 다르지만 공통적으로 쓰이는 표현을 익혀두면 어렵지 않게 작성할 수 있어요. 오른쪽에서 자세히 볼게요.

항목	뜻	작성 요령	예시
Family Name/Surname	성	여권과 동일하게	HONG
First Name/Given names	이름	여권과 동일하게	GIL DONG
Sex/Gender	성별	Male[M] 남자 Female[F] 여자에 체크	M
Date of Birth (DD/MM/YYYY)	생년월일	DD에 날짜, MM에 달, YY에 연도	15/03/1965
Nationality (country)	국적	한국	Republic of Korea(ROK)
Country of Birth	출생지	태어난 곳	Republic of Korea(ROK)
City	도시	살고 있는 도시	Seoul
Passport No.	여권번호	여권과 동일하게, 알파벳 O와 숫자 0을 구별할 것	MO103323
Place of issue	발행지	여권을 발행한 나라	Republic of Korea(ROK)
Address in 나라	나라 내 상세 주소	머무르는 곳의 주소, 주로 호텔 주소를 쓸 것	Hilton Hotel
Occupation	직업	빈 칸으로 두지 말고 간단하게 적을 것	Office worker
Home address	집주소	한국내 집주소, 네이버 주소 영어 변환 이용	Kahee Dong, Nowongu, Seoul, Korea
Flight No.	입국 비행기 편명	비행기 표에 있는 비행기 편명 기재	KE001
Purpose of Visit	방문 목적	여행, 사업 등으로 간단하게 기재	Travel
Duration / Length of Stay	방문 기간	머물 기간을 기재	5 days
Last City / Port of Last Departure	최종 출발지	인천에서 출발하였으면 Incheon이라고 쓸 것	Incheon
Signature	서명	본인의 자필 서명	홍길동

5장

핵심 영어 단어장 –
전치사 20개, 부사 20개

명사 앞에 놓여 다른 명사와의 관계를 이어주는 단어를 '전치사'라고 합니다. '서랍 안에 공책'에서 서랍과 공책을 연결시켜 주는 '~ 안에' 처럼요. '~앞에, ~위에, ~와 함께'와 같은 것들이 있죠.

부사는 동사와 형용사를 더 자세하게 꾸며주는 단어입니다. '열심히', '정말', '안전하게' 같은 것들이죠.

영어에서 가장 많이 쓰이는 전치사와 부사를 딱 20개씩만 뽑았습니다. 이지 쌤 영상과 함께 공부해 보세요.

전치사 20개 (1~20)

---

0 0 1

in
[인]
(공간 안)에

I live in Seoul.
아이 리브 인 서울

나는 서울에 삽니다.

---

0 0 2

on
[온]
(위)에

The book is on the table.
더 북 이즈 온 더 테이블

그 책은 탁자 위에 있어요.

---

0 0 3

at
[앳]
(시간)에

See you at 5:30.
씨 유 앳 파이브 써리

5시 30분에 봐요.

---

0 0 4

of
[오브]
~의

Seoul is the capital of Korea.
서울 이즈 더 캐피틀 오브 코리아

서울은 한국의 수도입니다.

with

[위쓰]

~와 함께

I live with my parents.

아이 리브 위쓰 마이 페어런츠

나는 내 부모님과 함께 삽니다.

TIP th는 번데기 발음이라고 하죠. 우리말에는 없는 발음이라 약간 어렵지만 강의를 보면서 같이 따라해 보세요.

from

[프롬]

~에서

I am from Korea.

아이 엠 프롬 코리아

나는 한국에서 왔어요.

to

[투]

(위치)~로

I am going to school.

아이 엠 고잉 투 스쿨

나는 학교에 갈 거예요.

for

[폴]

~를 위해

What can I do for you?

왓 캔 아이 두 폴 유

제가 당신을 위해 무엇을 할 수 있을까요?

009

by
[바이]
(수단) ~로

Let's go by bus.

렛츠 고 바이 버스

버스로 같이 가요.

010

about
[어바웃]
~에 대한(대해)

Let's talk about music.

렛츠 톡 어바웃 뮤직

음악에 대해 같이 얘기해요.

011

over
[오벌]
~이상의

He is over fifty.

히 이즈 오벌 피프티

그는 50세 이상입니다. (그는 50세가 넘어요.)

TIP 반대 의미의 전치사는 under [언덜] ~이하의가 있어요.

012

without
[위다웃]
~없이

I can't live without you.

아이 캔트 리브 위다웃 유

나는 당신 없이 살 수 없어요.

TIP with에 out [아웃] 제외한을 더해 '~없이'라는 표현이 되었어요.

before
[비포]
~전에

Call me before six.
콜　미　비포　씩스

6시 전에 제게 전화하세요.

after
[애프터]
~후에

Call me after six.
콜　미　애프터　씩스

6시 이후에 제게 전화하세요.

until
[언틸]
(~때)까지

You can call me until six.
유　캔　콜　미　언틸　씩스

당신은 6시까지 제게 전화할 수 있습니다.

off
[오프]
떨어져서

I live off my parents.
아이　리브　오프　마이　페어런츠

나는 부모님께 의지해서(도움받고) 삽니다.

TIP on과 off는 동사와 함께 쓰이는 경우가 많은데요. 대표적으로 get on은 '~에 타다'라는 의미로, take off는 '~에서 내리다'라는 의미로 쓰여요. get on the bus, take off the bus라는 표현 정도는 기억해 두면 좋겠죠?

around
[어롸운드]
주위에

I ran around the park.

아이 랜   어롸운드   더   팔크

나는 공원 주변을 달렸어요.

into
[인투]
~안으로

Come into my room.

컴   인투   마이   루움

내 방 안으로 들어오세요.

TIP 비슷한 표현인 in과 into는 약간의 차이가 있는데요. in은 공간 안에 있는 상태를 표현할 때 주로 쓰이고, into는 속으로 들어가는 움직임을 표현할 때 주로 쓰여요.

between
[비트윈]
사이에

I am sitting between

아이 엠   씨링   비트윈

Kim and Lee.

킴   앤   리

나는 킴과 리 사이에 앉아요.

under
[언덜]
~아래에

The book is under the table.

더   북   이즈   언덜   더   테이블

그 책은 탁자 아래에 있어요.

영어 단어와 뜻을 선으로 연결시켜 보세요.

❶ with   ⓐ ~에 대한

❷ to   ⓑ (수단) ~로

❸ without   ⓒ ~전에

❹ at   ⓓ (위)에

❺ before   ⓔ 사이에

❻ on   ⓕ 떨어져서

❼ by   ⓖ ~없이

❽ about   ⓗ ~와 함께

❾ between   ⓘ (시간)에

❿ off   ⓙ (위치)~로

우리말을 보고 영어 단어를 써보세요.

⓫ (~때)까지 u＿＿＿＿   ⓰ ~아래에 u＿＿＿＿

⓬ (공간 안)에 i＿   ⓱ ~에서 f＿＿＿

⓭ ~의 o＿   ⓲ ~를 위해 f＿＿

⓮ ~후에 a＿＿＿＿   ⓳ 주위에 a＿＿＿＿＿

⓯ ~이상의 o＿＿＿   ⓴ ~안으로 i＿＿＿

정답 ❶-ⓗ ❷-ⓙ ❸-ⓖ ❹-ⓘ ❺-ⓒ ❻-ⓓ ❼-ⓑ ❽-ⓐ ❾-ⓔ ❿-ⓕ
⓫ until ⓬ in ⓭ of ⓮ after ⓯ over ⓰ under ⓱ from ⓲ for
⓳ around ⓴ into

부사 20개 (1~20)

---

0 0 1

so
[쏘]
아주

I am so happy.
아이 엠 쏘 해피
나는 아주 행복해요.

---

0 0 2

very
[베뤼]
매우

Thank you very much.
쌩 큐 베뤼 머치
매우 고맙습니다.

---

0 0 3

really
[뤼얼리]
정말로

I am really sorry.
아이 엠 뤼얼리 쏘뤼
정말 미안해요.

TIP 깜짝 놀랄 소식을 들었을때 Really?라고 하면 '정말이야?'라고 확인하는 의미입니다.

---

0 0 4

too
[투]
너무

It is too cold.
잇 이즈 투 콜드
너무 추워요.

---

now
[나우]
지금

It is too late now.
잇 이즈 투 레이트 나우

지금은 너무 늦어요.

here
[히얼]
여기에

I live here.
아이 리브 히얼

나는 여기 살아요.

never
[네벌]
절대로 ~ 않다

Never mind.
네벌 마인드

신경 쓰지 마세요.

I never hit John.
아이 네벌 힛 존

나는 존을 절대 때리지 않았어요.

only
[오운리]
오직

I only want you.
아이 오운리 원트 유

나는 오직 당신만을 원해요.

TIP only는 형용사로 쓰여 명사를 꾸며주기도 하는데요. **only you** [온리유] 오직 당신, **only one** [온리원] 오직 하나같은 표현은 영화나 노래 제목으로도 많이 쓰이죠.

009

even
[이븐]
~조차

I work even on Sunday.
아이 월크 이븐 온 썬데이

나는 일요일조차(일요일에도) 일한다.

010

soon
[수운]
곧

See you soon.
씨 유 수운

곧 봐요.

011

always
[올웨이즈]
언제나

You are always happy.
유 알 올웨이즈 해피

너는 언제나 행복하구나.

012

often
[오픈]
자주

I often go to Busan.
아이 오픈 고 투 부산

나는 부산에 자주 가요.

013

slowly
[슬로울리]
천천히

Please speak slowly.
플리즈　　　스픽　　　슬로울리
제발 천천히 말해 주세요.

014

fully
[풀리]
완전히

I fully understand.
아이　풀리　　　언덜스탠드
나는 완전히 이해해요.

015

safely
[세이플리]
안전하게

I always drive safely.
아이　올웨이즈　드라이브　세이플리
나는 항상 안전하게 운전해요.

016

happily
[해필리]
행복하게

I hope you live happily
아이　홉　　유　리브　　해필리
in Seoul.
인　　서울
나는 서울에서 행복하게 살기를 바랍니다.

017

sometimes
[썸타임즈]
가끔

I listen to music sometimes.
아이 리쓴 투 뮤직 썸타임즈

나는 가끔 음악을 들어요.

018

usually
[유쥬얼리]
보통

I usually get up late.
아이 유쥬얼리 겟 업 레이트

나는 보통 늦게 일어나요.

019

still
[스틸]
아직

I still love you.
아이 스틸 러브 유

나는 아직(여전히) 당신을 사랑해요.

020

finally
[파이늘리]
마침내

I finally finished my 2nd book.
아이파이늘리 피니쉬드 마이 세컨 북

나는 마침내 내 두 번째 책을 끝냈습니다(다 썼습니다).

QUIZ

영어 단어와 뜻을 선으로 연결시켜 보세요.

❶ **very**		ⓐ 여기에
❷ **happily**		ⓑ 가끔
❸ **here**		ⓒ 매우
❹ **never**		ⓓ 곧
❺ **only**		ⓔ 정말로
❻ **sometimes**		ⓕ 행복하게
❼ **soon**		ⓖ 마침내
❽ **often**		ⓗ 절대로 ~ 않다
❾ **finally**		ⓘ 자주
❿ **really**		ⓙ 오직

우리말을 보고 영어 단어를 써보세요.

⑪ 너무 t _ _

⑫ 언제나 a _ _ _ _ _

⑬ 천천히 s _ _ _ _ _

⑭ 완전히 f _ _ _ _

⑮ 안전하게 s _ _ _ _ _

⑯ 지금 n _ _

⑰ ~조차 e _ _ _

⑱ 보통 u _ _ _ _ _ _

⑲ 아직 s _ _ _ _

⑳ 아주 s _

정답 ❶-ⓒ ❷-ⓕ ❸-ⓐ ❹-ⓗ ❺-ⓙ ❻-ⓑ ❼-ⓓ ❽-ⓘ ❾-ⓖ ❿-ⓔ
⑪ too ⑫ always ⑬ slowly ⑭ fully ⑮ safely ⑯ now ⑰ even
⑱ usually ⑲ still ⑳ so